UMBANDA
RELIGIÃO BRASILEIRA

FLÁVIA PINTO

UMBANDA
RELIGIÃO BRASILEIRA

GUIA PARA LEIGOS E INICIANTES

RIO DE JANEIRO, 2023

Copyright 2014 © Flávio Pinto

Editoras
Cristina Fernandes Warth
Mariana Warth

Produção editorial
Aron Balmas
Livia Cabrini

Preparação de originais
Eneida D. Gaspar

Revisão
André Marinho

Fotos
Tati Almeida

Diagramação
Abreu's System

Capa
Babilonia Cultura Editorial

(Este livro segue as novas regras do Acordo Ortográfico da Língua Portuguesa.)

Todos os direitos reservados à Pallas Editora e Distribuidora Ltda.
Não é permitida a reprodução por qualquer meio mecânico, eletrônico, xerográfico etc. de parte ou da totalidade do conteúdo e das imagens contidas neste impresso sem a prévia autorização por escrito da editora.

CIP-BRASIL.CATALOGAÇÃO-NA-FONTE
SINDICATO NACIONAL DOS EDITORES DE LIVROS, RJ

P726u
    Pinto, Flávia
        Umbanda religião brasileira: guia para leigos e iniciantes / Flávia Pinto. - 1. ed. - Rio de Janeiro: Pallas, 2014.
        152p.: il.; 21 cm.

        Inclui bibliografia e índice
        ISBN 978-85-347-0517-2

    1. Umbanda. 2. Cultos afro-brasileiros. I. Título.

14-14501.   CDD: 299.67
                                                              CDU: 259.4

Pallas Editora e Distribuidora Ltda.
Rua Frederico de Albuquerque, 56 – Higienópolis
CEP 21050-840 – Rio de Janeiro – RJ
Tel./fax: 55 21 2270-0186
www.pallaseditora.com.br
pallas@pallaseditora.com.br

Sumário

Prólogo	7
Mensagem de Mãe Beata D'Yemonja	9
Prefácio	11
Introdução	15
Origem e história da Umbanda	25
O que é Umbanda?	31
Ética e Valores Umbandistas	41
Orixás	83
Entidades	105
Mediunidade	117
Obsessão e oração	129
Felicidade	135
Considerações finais	147
Referências	151

Prólogo

Esta obra superou nossas expectativas. Garantimos que até mesmo o mais leigo dos homens terá uma real noção do que é a nossa querida Umbanda. O livro traduz a nossa religião de forma gradual e simples, como ela deve realmente ser. Vocês encontrarão respostas e esclarecimentos que faltavam para o entendimento necessário sobre Umbanda.

Mãe Flávia Pinto é uma guerreira na vida. Passou por muitas provações desde o seu nascimento até hoje, mas provou que a índole vem do espírito e que a vocação do sacerdócio resgata o filho, mesmo quando o mundo lhe nega os alicerces básicos para a formação de caráter e personalidade do ser humano. Hoje ela executou mais uma etapa de tudo que o planejamento do Astral Superior lhe reserva como missão nessa vida e, com certeza, trará pra você, leitor, a condição de desfrutar da satisfação de conhecer a Umbanda e, quem sabe ao término dessa leitura, entender que essa religião é genuinamente brasileira e perfeita para o nosso povo. Ser umbandista não é uma opção, é simplesmente a caridade de Deus presente em nossas vidas, norteando nossa evolução espiritual.

Parabéns, leitor, pela escolha certa.

Grande abraço e axé.

Marco Xavier
Presidente do TECAF – Tenda Espírita Caboclo Flecheiro
Presidente do MUDA – Movimento Umbanda do Amanhã

Mensagem de Mãe Beata D'Yemonja

Eu sou Mãe Beata D'Yemonja, iniciada na religião dos Orixás. Eu amo nossos Deuses da natureza. Assim como eu amo os Deuses do Candomblé, eu amo os Pretos Velhos.

Quando eu vejo um Preto Velho, sentado em seu banquinho, eu lembro do meu avô, do meu bisavô, da minha avó.

Dos Caboclos nem se fala, tanto faz de pena ou de folha, pois eles são os verdadeiros Deuses e senhores desta nação, então merecem todo o nosso respeito. E eu, como Yalorixá, não poderia pensar de outra maneira, ou estaria infringindo a lei da ancestralidade.

Coisa linda a Preta Velha, sentada em seu banquinho, com sua arruda, com sua fumaça, sua jurema, falando às vezes coisas que nós nem esperamos.

É maravilhoso ouvir as cantigas, as chulas que eles tiram, as rezas; eu me lembro até de mim mesma rezando crianças. Isto é maravilhoso, só quem não bebe deste pote é que não sabe o valor que ele tem.

Quero dar parabéns à minha filha Flávia Pinto, iniciada aqui em casa. Minha filha, minha amiga, minha irmã de crença.

Parabéns pelo seu lindo trabalho, continue seu lindo trabalho, continue, pois todos os Deuses são iguais. Nada como um galho de arruda, guiné e um rosário de Nossa Senhora.

Tenho muita fé no Rosário de Nossa Senhora.

Agora mesmo recebi de presente um Rosário de um Pajé da Amazônia, não sei como ele adivinhou que eu gostava, eu uso junto com meus elekês.

Parabéns da sua amiga e Yalorixá, sempre lhe admiro pela sua fé e sua força.

Mãe Beata D'Yemonja

Prefácio

A Sagrada Lei de Umbanda foi revelada à humanidade através da palavra do humilde Caboclo das Sete Encruzilhadas, vibrando em seu médium Zélio de Moraes.

Disse o Caboclo:

"Umbanda, manifestação do espírito para a prática da caridade."

Mais tarde, se manifesta Pai Antonio, que nos dá um ponto muito importante para a nossa meditação:

"Umbanda é pra quem tem; quem tem, tem, quem não tem, não tem."

Surgiu a Tenda Espírita Nossa Senhora da Piedade e, posteriormente, foram sendo criadas novas tendas, perfazendo um total de sete, oriundas dessa energia vibratória.

A Sagrada Lei de Umbanda foi e vai, pouco a pouco, se irradiando por toda parte do nosso Planeta Mãe, a Terra.

O desenvolvimento dessa nova forma religiosa trouxe uma série de indagações, de conceitos, de considerações que não se relacionam com a realidade de seu trabalho em benefício da sociedade.

A presente obra, sob o título *Umbanda — religião brasileira: guia para leigos e iniciantes*, focaliza pontos esclarecedores para os que estão inseridos nos trabalhos espirituais da Umbanda e para os que, não a entendendo, têm várias dúvidas e pensam impropriedades.

A parte que trata da "Origem e história da Umbanda" proporciona a oportunidade de se aprender a forma e a maneira com que surgiu essa doce mensagem espiritual.

Consta do item "O que é Umbanda" o esclarecimento de que a Umbanda é um fenômeno religioso genuinamente brasileiro.

O livro reporta-se aos cânticos, ou seja, aos pontos cantados e à sua importância em termos de vibração para a realização dos trabalhos espirituais. Assinalam-se os trabalhos que se processam nos Sagrados Templos de Umbanda, principalmente os que, pela ação dos nossos irmãos espirituais, vibram sobre os corpos físicos na recuperação da normalidade da saúde.

Ao se referir à "Ética e valores Umbandistas", fala que o Templo Umbandista deve transmitir força espiritual, paz e energia de amor fraterno, e que o princípio *Dai de graça o que de graça recebeste* é um dos pontos básicos da Sagrada Lei de Umbanda. O dom mediúnico é um compromisso assumido no plano astral e o seu exercício na Sagrada Lei de Umbanda é um constante auxílio para a evolução da humanidade e do próprio Planeta Mãe, à Terra.

Reporta-se à presença de Jesus, na sua missão como O Cristo, na irradiação dos trabalhos espirituais. Permitimo-nos citar os diversos pontos cantados na abertura dos trabalhos espirituais que se reportam à tonalidade de Jesus, o Cristo.

Cita a prática do bem; uma questão muito discutida sobre o sangue vegetal; os diversos tipos de oferendas e a preservação do meio ambiente.

Discorre sobre o fenômeno inadequadamente chamado de morte. Sobre este ponto, entendemos que só há vida, mudança, transformação e elevação.

Expressa-se sobre a encarnação, conceito este presente na mentalidade dos seguidores da Lei de Umbanda. Eis que em muitas ocasiões temos a revelação das entidades espirituais reportando-se às suas condições e vidas em outros momentos de suas trajetórias.

Posiciona-se sobre aborto; sobre suicídio; eutanásia; álcool; cigarros; drogas; baladas, carnaval e sexo.

A manifestação sobre o conceito de Orixás, o sincretismo com os santos católicos, a referência às considerações trazidas pelo elemento africano são pontos que nos dias de hoje merecem uma análise à luz da evolução espiritual.

Focaliza a manifestação dos Pretos Velhos, Crianças e Exus. Em relação a Exu torna-se por demais importante o esclarecimento sobre a verdadeira função dessas entidades no campo vibratório da Sagrada Lei de Umbanda.

Cada irmão que tiver a oportunidade de ler esta obra deverá fazê-lo de forma a buscar a essência do seu conteúdo, a fim de que possa servir de ajuda, entendimento e colaboração para a sua evolução.

Finalmente, uma palavra amiga e fraterna à nossa querida e estimada irmã Flávia Pinto por esta louvável iniciativa e contribuição para o esclarecimento sobre o importante papel da Sagrada Lei de Umbanda em benefício de toda a humanidade.

Fraternalmente,

Pedro Miranda
Presidente da UEUB — União Espiritista do Brasil

Introdução

A melhor forma de agradecer é trabalhar pela minha fé

Cara leitora e leitor amigo, peço licença para adentrar sua intimidade. Esta obra é a mais sincera forma de agradecimento que tenho a fazer à minha Umbanda querida e ainda muito incompreendida pela humanidade. Pois, como sempre me ensinou o Caboclo com quem tenho a honra de trabalhar, Seu Ventania D'Aruanda, nem sempre a melhor forma de agradecer é dizendo muito obrigada, mas sim trabalhando. E é isto que estou tentando fazer: trabalhar pela minha fé, para que ela possa alegrar tantos corações, enxugar tantas lágrimas e salvar tantas vidas como a minha e a de uma multidão de pessoas que frequentam, anonimamente, desde a primeira década do século XX, os milhares de Templos de Umbanda distribuídos pelo Brasil afora.

Não falo aqui como socióloga, embora a minha formação esteja presente em todo o meu pensar (e por isso fico na posição de nativa relativa). A propriedade da minha fala se dá mediante os saberes tradicionais do meu sacerdócio espiritual como Babá de Umbanda e mediante os olhos da lei, como ministra religiosa que sou, conforme prevê a Constituição brasileira (1988).

Exerço o sacerdócio Umbandista desde 1999, à frente do Centro Espírita Casa do Perdão. Todas as terças-feiras, durante este período, realizamos palestras sobre Umbanda para o corpo mediúnico e para o público externo que nos visita. Também acumulamos a vivência de falar de Umbanda dentro do sistema penitenciário carioca, em rádio, televisão, na Web e em tantos outros lugares aonde a vida nos leva.

Escrever para os leigos e iniciantes foi a maneira que encontrei de responder a tantas perguntas que me foram feitas pelos médiuns, frequentadores, pesquisadores acadêmicos, repórteres, iniciantes, amigos e muitas outras pessoas para quem palestrei ou com quem simplesmente dialoguei ao longo desta minha pequena estrada como uma peregrina umbandista. Partilhar do encantamento e da gratidão que as pessoas sentem ao pisarem em um Templo de Umbanda é, para mim, um privilégio. Ver tantas vidas serem transformadas, famílias serem salvas permanecendo unidas, livramentos, curas e tantos outros milagres sendo conquistados com a frequência e o tratamento durante as sessões e diversas outras formas de rituais umbandistas é algo que me deixa muito feliz.

O mais bonito a ser percebido nos fenômenos que geram estes milagres é que eles estão diretamente ligados à transformação interna que os indivíduos operam quando frequentam os Templos Umbandistas, permitindo, assim, que as energias e forças sagradas existentes nos Templos possam agir beneficamente a favor daqueles que buscam socorro e apoio espiritual nas tradicionais Casas de Umbanda.

Agradecimento

Quero agradecer a muitas pessoas que, de maneira direta ou indireta, contribuíram para a construção desta obra. Primeiramente a Pai Pedro Miranda pelo seu prefácio, sendo ele, para mim, a maior autoridade Umbandista que conheço e um exemplo que procuro seguir, que dedicou toda a sua vida à causa do bem dentro da nossa crença, o que o tornou um grande baluarte para toda a Umbanda. À Mãe Cristina Marques, do Templo Ogum, Hórus & Rá, pela primeira correção ortográfica deste manuscrito, sem a qual eu teria ainda muito maior dificuldade em me fazer entender pelos leitores amigos.

A todas as pessoas que me ajudaram e ajudam de diferentes formas em minha vida, desejo que minha Avó Nanã, dona da ancestralidade que herdei, Mãe Iansã, senhora da guerra e da superação, e meu Pai Oxóssi, Rei da prosperidade e da fartura, retribuam toda a sua generosidade, tornando-as cada vez mais prósperas e felizes.

Agradeço também à Editora Pallas. No mesmo dia em que acabei de escrever este livro, fiz uma prece pedindo a Vovó Joana D'Angola que me desse caminhos para encontrar uma Editora que respeitasse o conteúdo desta obra, a fim de não desvalorizar sua importância. Exatos trinta minutos depois que acabei de orar, a Editora Pallas entrou magicamente em contato comigo, através do Marcelo Pacheco, perguntando-me se eu tinha interesse em realizar alguma publicação em seu editorial.

Agradeço à minha Yiá Beata D'Yemonja, aos seus filhos biológicos: meu Pai Adailton, às minhas Mães Pequenas, Yiá Ivete e Yiá Doia e Ogã Aderbal, pois são nossos frutos que perpetuarão nossas sementes, e a toda a família do Ylé Omi Oju Aro, pela importância que este Terreiro tem como polo de resistência e preservação das tradições africanas, e principalmente a Iemanjá e Ogum por me aceitarem e respeitarem o meu sacerdócio e profundo e fiel amor pela Umbanda. A vivência de estar em uma Casa tradicional de Candomblé de Ketu e reviver também esta minha pertença ancestral africana me possibilitou respeitar ainda mais esta raiz religiosa afro-brasileira e ter muito orgulho de pertencer a esta família espiritual. Buscarei sempre honrá-la pela consciência que tenho da grande responsabilidade que é ser uma filha de Beata D'Yemonja, que é simbolo e inspiração da luta contra o preconceito racial e pela liberdade religiosa no Brasil e no Mundo, por minha avó, Olga do Alaketú, por todo carinho e admiração que aprendi a ter cada vez que li e ouvi falar dela, pelo respeito que ela tem pelos caboclos. Sou uma Babá de Umbanda e assim permanecerei sendo à frente da Casa do Perdão. Para manter a tradição é preciso coragem e isto foi e é o que não faltou a minha avó Olga do Alaketú e a minha Yá Beata D'Yemonja como grandes matriarcas mantenedoras da Tradição do Candomblé. É nesta mesma coragem em que me inspiro para manter a tradição da Umbanda dentro da Casa do Perdão.

Agradeço também aos meus filhos de santo, pelos quais tenho profundo amor, respeito e amizade. Obrigada por entenderem minhas ausências e impaciências para dar conta desta vida multiagitada que tenho. Muito, mas muito obrigada mesmo, por todo o amor que me têm. Amo profundamente vocês. Tudo que vivemos juntos somente é compreendido por nós. A lealdade mútua que temos é o maior tesouro que construímos ao longo destes 15 anos de caminhada. Em especial à Mãe Lucinha, mãe Beth e Ogã André por terem sobrevivido a tantos testes e se mantido leais e amigos nos momentos mais difíceis. Amo muito vocês, obrigada por terem sido fiéis e olharem sempre à frente o horizonte sob a luz da Umbanda. O tempero da Umbanda é o tempo, e este só faz com que fiquemos mais fortes!

Por último e não menos importante, quero agradecer à minha família: aos meus filhos Layza Maria, Onã Torres e Lua Mariah, e ao meu marido, Manoel Artur, que amo profundamente, por serem meus parceiros, amigos, protetores, por serem minha semente e meu fruto, meu tronco e minha raiz, para que eu possa ser a mulher guerreira que sou. Sei, no íntimo do meu coração, o preço que vocês pagam por estarem ao lado de uma mãe e esposa tão compromissada, ocupada e impaciente. Sou muito feliz por tê-los comigo e tenham certeza de que, sem vocês, eu nada seria.

Sei o tamanho da minha missão espiritual e por isso peço sempre a Deus que eu seja eu mesma, sem me perder de mim. Mas sei também quão grande é o meu dever familiar com vocês e com mais um membro que ainda integrará nossa família pelo incrível amor da adoção. Perdoem-me por tudo, principalmente pelo sacrifício que exijo de vocês por terem que me dividir o tempo todo com o mundo. Mas saibam sempre que, onde quer que eu esteja, vocês estarão sempre enraizados em meu coração.

Meu amor por vocês começou muito antes desta vida e por muitas outras permanecerá. Tenham sempre o meu amor em seus corações. Por todo o amor que houver nesta vida, me amem sempre, por favor. O amor de vocês alimenta a minha alma, é ele que me dá forças para superar tantos desafios que a vida me impõe. Amo muito vocês. Obrigada, muito obrigada, mesmo, por tudo!

Meu caminho na Umbanda

Meu caminho com a Umbanda começou desde que eu me entendo por gente. Quando bebê, sempre estava doente, e minha avó paterna, que me criou, mesmo católica, me levava na Preta Velha Vovó Cambinda, que, junto com o Caboclo Seu Boiadeiro e o Exu Seu Sete Encruzilhadas, se manifestava na saudosa Mãe Helena. Eles sempre cuidaram de mim e diziam para minha avó que eu tinha "Coroa de Babá". Minha avó, mesmo sem entender, sentia-se grata e me levava de volta sempre que era necessário, e os passes dessas grandiosas Entidades de luz restabeleciam minha saúde.

A frequência a esse Terreiro, situado na rua Marechal Falcão da Frota, em Padre Miguel (na cidade do Rio de Janeiro), a mesma onde nasci, foi minha primeira escola de Umbanda e de vida. Aprendi muito com as Entidades éticas e de luz que lá trabalham até hoje, e com Vovô Pedro, que trabalhava com a dona Célia (hoje desencarnada) que me rezou a vida toda, além de meus primos e meus dois primeiros filhos, também. Aos sete anos, eu já havia passado por três cirurgias plásticas para correção de uma deficiência craniofacial de nascimento, mais conhecida como lábio leporino, e por esta razão passei toda minha infância e o início da adolescência dentro de hospitais públicos, em tratamento físico e odontológico.

Quando eu tinha três anos de idade, meu pai desapareceu, e houve rumores de assassinato, pelo fato de estar envolvido com o tráfico. Aos dez anos, fui morar com minha mãe biológica, que foi assassinada pelo meu padrasto em um crime passional, e meu irmão (com três anos na época) e eu permanecemos por três dias dentro de casa com ela morta. Voltei a morar com a minha avó paterna na comunidade da Vila Vintém, em Padre Miguel.

O melhor desse retorno foi poder frequentar novamente o Terreiro da Mãe Helena. Ela já era falecida nessa época, mas o Templo permaneceu sendo dirigido pelos seus filhos biológicos, Braz e Ceia, grandes exemplos de trabalhadores Umbandistas, aos quais devo também muita gratidão. Foi exatamente nesse momento da minha vida que a Umbanda tornou-se minha verdadeira amiga e aliada. Era lá nas giras de Umbanda, mesmo quando não estava sendo consultada diretamente, ouvindo as falas coletivas do Seu Tupinambá, da Cabocla Jurema, do Seu Tranca Rua e da Dona Sete, que eu entendia aos poucos o que acontecia comigo. E somente por esta razão, em vez de crescer revoltada, eu ia me conscientizando do que é ser um espírito seguindo sua trajetória evolutiva em profundo resgate do seu passado espiritual, repleto de dívidas pendentes oriundas dos débitos esquecidos em existências anteriores.

Nunca me senti vítima. Encontrava coragem em cada mensagem das Entidades, e minha fé ia se fortalecendo e engrandecendo cada vez mais. A gratidão também crescia junto e, assim, mesmo com uma vida marcada por sangue, dor e tragédia, cresci sendo uma criança e adolescente feliz. Sou grata por ter tido meus avós paternos, Geny e Amair, para me criarem, evitando assim que eu fosse parar, na condição de órfã, em uma FEBEM[1] da vida e meus quatro padrinhos que sempre me levaram para passeios que me possibilitavam ver que havia um mundo para além dos muros da favela. A gratidão e o reconhecimento a todos que nos ajudam é um ensinamento constante na Umbanda, e estes, graças a Deus, eu rapidamente absorvi. Sempre agradeci por tudo na vida.

Na adolescência eu me afastei de tudo, porque a boemia e o fato de ser muito namoradeira não me permitiam mais estar aos sábados dentro dos Terreiros. Sabia que tinha o com-

---

[1] FEBEM – Fundação Estadual para o Bem-Estar do Menor, antigo serviço de atendimento a menores em situação vulnerável (órfãos, sem lar e infratores) do Estado da Guanabara (hoje Município do Rio de Janeiro).

promisso, a missão espiritual, sempre soube, mas a rebeldia era muito grande.

Já mais cresida, passei a visitar outros Terreiros e tive a infelicidade de ver muitas coisas que, em minha opinião, eram erradas: a falta de ética, o comércio religioso, o uso da bebida de forma absolutamente descontrolada e a ausência de vibrações positivas. Isso me entristecia demais e contribuía para o meu afastamento da religião.

Querendo ser dona do meu próprio nariz, mas não passando de um adolescentezinha rebelde, marrenta, arbitrária e muito vaidosa, paguei um preço muito caro por ter essa personalidade. Meus instintos, despertados nesta fase da vida e aliados à ausência de um adulto que me impusesse limites, fizeram com que todas essas minhas fraquezas se tornassem potentes munições nas mãos dos meus inimigos astrais, de quem já sabia da existência. Mas eu subestimava o seu poder sutil e maléfico.

Demorei muito para aprender que quando você vem ao mundo com o compromisso de colaborar com a construção da Paz Universal através do sacerdócio religioso, quando a presença de Deus será atuante o tempo inteiro em sua vida com a finalidade de auxiliar todos aqueles que cruzarem seu caminho, os opositores do bem enxergam você mais rápido. Assim, investem fortemente na sua destruição, pois, quanto maior a força do bem que você poderá fazer no mundo, maior também será a pressão feita para derrubar você. Uma semente que não cresce nunca se tornará uma árvore que tem a função de ajudar a humanidade a respirar.

Foi esta a peregrinação pessoal que precisei fazer. Não sem sofrimento, pois, como dizem as sábias Entidades de Umbanda, "quando você tem o compromissoespiritual na

Terra, se você não vem pelo amor, vem pela dor". E foi pela dor que me apresentei ao serviço Umbandista de amor ao próximo. Meu pranto, que tantas vezes fora enxugado pela sabedoria Umbandista, passaria a servir de experiência e aprendizado para tantas outras pessoas que buscam orientação espiritual nos Templos de Umbanda.

Aos vinte e três anos iniciei, de maneira não planejada, a minha tarefa como seareira da Umbanda e logo depois estava grávida da minha primeira filha biológica. As Entidades com quem trabalho começaram a se manifestar, e, quando percebi, Seu Sete Catacumbas, Vovó Joana D'Angola, Caboclo Ventania D'Aruanda e Curumim, puxados inicialmente por Dona Maria Mulambo, fundaram o Centro Espírita Casa do Perdão, na mesma casa onde eu morava e fui criada na Vila Vintém. Os médiuns foram chegando naturalmente.

Depois de sete anos, conquistamos nossa sede própria no bairro do Mendanha, em Campo Grande, no Rio de Janeiro. E é lá que a amada e trabalhadora Família Casa do Perdão se encontra sempre para trabalhar em prol da nossa querida Umbanda, hoje. Através do dom da sensibilidade espiritual com que Deus abençoou todos os médiuns que, antes de reencarnar, firmaram compromisso com ele para trabalhar aqui nesse plano terreno a favor do bem, muitas vidas são salvas e transformadas: esta é a maior felicidade de servir à Umbanda.

Eis aqui um pouco da nossa história, para que possam entender como chegamos até aqui. Mas este livro não trata apenas da Casa do Perdão. Ele pretende falar um pouco deste fenômeno religioso brasileiro que ainda sofre tanto preconceito e descrença por parte do poder público e da sociedade de uma maneira geral. A Umbanda é brasileira e precisa ser respeitada na sua própria terra. Este livro tem o objetivo de contribuir para isso, desmistificando e explicando um pouco do que ela própria é. Espero que gostem ou que pelo menos a respeitem, a partir do conhecimento que terão sobre nossa ética, nossos valores, ritos, ensinamentos e princípios. Meu Sarava Fraterno!

Origem e história da Umbanda

O nascimento da Umbanda

A Umbanda tem seu registro de nascimento em 15 de novembro de 1908, no bairro das Neves, no município de São Gonçalo, no Estado do Rio de Janeiro. Ela foi fundada por Zélio de Moraes, que contava com dezessete anos de idade, na época. O médium encontrava-se acometido de uma enfermidade não diagnosticada pelos médicos, e tal fato obrigou seus pais a procurar ajuda religiosa, na esperança de salvarem a vida do filho.

Depois de muita busca, no dia 15 de novembro de 1908 chegaram até a Federação Espírita de Niterói. Para surpresa de todos que participavam da sessão espírita kardecista, Zélio de Moraes teve a manifestação espontânea de um espírito que indagou, aos integrantes do centro, o porquê de não haver flores brancas na mesa da reunião. Em paralelo a isso, simultaneamente, diversos médiuns incorporaram espíritos de Pretos Velhos e Caboclos. Tal atitude gerou espanto no dirigente do Templo.

Uma médium vidente, que estava presente na reunião, descreveu o espírito como um indígena. Ouvindo isso, o dirigente perguntou-lhe por que se apresentava daquela forma, e ficou curioso em saber o seu nome. O espírito respondeu-lhe que, se fosse preciso ter um nome, que o chamassem de Caboclo das Sete Encruzilhadas. Além disso, anunciou que, no dia seguinte, ele fundaria uma religião, que a mesma deveria chamar-se Umbanda e seria baseada na prática do amor e da caridade.

No dia seguinte, Pai Antônio e o Caboclo das Sete Encruzilhadas manifestaram-se na casa de Zélio de Moraes e fundaram a Tenda Espírita Nossa Senhora da Piedade. Mais tarde, fundaram outras sete Tendas, a saber: Tenda Nossa Senhora da Guia, Tenda Nossa Senhora da Conceição, Tenda Santa Bárbara, Tenda São Pedro, Tenda Oxalá, Tenda São Jorge e Tenda São Jerônimo. Cabe aqui mencionar que, enquanto este livro está sendo escrito, um dos primeiros dirigentes, uma das maiores lideranças, cujo nome é Pai Pedro Miranda, encontra-se vivo entre nós, é o dirigente da Tenda Espírita São Jorge, e nos dá a honra de prefaciar este livro.

Faz-se necessário lembrar que existem controvérsias quanto ao surgimento da Umbanda. Os mais antigos narram que as manifestações de espíritos surgiram anteriormente a essa data de 15 de novembro de 1908. Espíritos como Pretos Velhos, Caboclos, Exus, Malandros, Pombagiras e Crianças, que hoje reconhecemos como Entidades[1] de Umbanda, manifestavam-se espontaneamente, sobretudo em núcleos familiares, e já eram fruto da mais variada mis-

---

[1] Entidades (Entes de Luz) – São espíritos que se manifestam (incorporados ou não), trazendo sua bagagem e seus ensinamentos para os trabalhos de Umbanda, atuando como mensageiros dos Orixás. Sua linha de trabalho varia de acordo com as falanges a que pertencem, que podem ser: Pretos Velhos, Caboclos, Crianças (Beijada, Ibejis, Erês), Exus, Pombagiras, Ciganos e Encantados. Saiba mais no capítulo *Entidades*.

cigenação brasileira. Tal fato acontecia em alguns Terreiros de Candomblé, quando acabavam os rituais religiosos afros. Entretanto, nenhum desses espíritos havia dado seu nome ou se identificado com uma forma específica de culto, rituais e princípios éticos. Esta missão coube somente ao Caboclo das Sete Encruzilhadas.

Acreditamos que esses e outros falangeiros que se apresentavam antes daquela data tinham a função de abrir e preparar os caminhos, para que a prática Umbandista começasse de forma gradual e fosse conhecida e exercitada em todo o país. O acontecimento da manifestação do Caboclo das Sete Encruzilhadas foi de extrema importância para a religião Umbandista, pois nos possibilitou termos uma data e um registro oficial do nascimento desta crença. A Umbanda é uma religião genuinamente brasileira, porque nasceu neste país e é fruto da fusão cultural existente no Brasil.

Religião da diversidade

No decorrer do tempo, a Umbanda teve seus diferentes momentos de adesão e fama. Foi cruelmente perseguida na época da Ditadura do Estado Novo, o que levou dirigentes e praticantes a serem presos por crime de charlatanismo e curandeirismo. Muitas mães e pais de santo foram cruelmente perseguidos, e alguns chegaram a ser presos ou mesmo tiveram seu templos atacados, como ouvi em vários depoimentos, como os de Mãe Abigail Kanabogi, Pai Pedro Miranda e Ékedje Maria Moura. Houve momentos, como nos anos 1960 e 1970, em que nossa religião explodiu, em termos de popularidade e adesão. Era noticiada nos veículos de comunicação de massa e tinha, através de seus festivais, encontros regionais e nacionais, nos quais reunia Umbandistas do Brasil inteiro. Para maiores conhecimentos, recomendo o livro *História da* Umbanda, de Alexandre Cumino (2010), que constitui um excelente trabalho de pesquisa e conta, de forma detalhada, a história da Umbanda.

A partir do Censo de 1991 (PEREIRA, 2013), o IBGE incluiu a Umbanda na classificação das religiões, elaborada em parceria com o ISER (Instituto Superior de Estudos da Religião). Desde então, o sacerdote de Umbanda se equiparou às autoridades das demais religiões existentes no país. Uma das mais importantes consequências deste evento foi o fato de que o casamento na Umbanda passou a atender às exigências legais para ser validado como casamento civil, de acordo com o estabelecido desde a Constituição de 1934 no artigo 146: "O casamento perante ministro de qualquer confissão religiosa [...] produzirá, todavia, os mesmos efeitos que o casamento civil [...]"

O sacerdote Umbandista também se igualou aos das demais religiões no que se refere aos direitos e deveres determinados por lei, como a contribuição previdenciária, obrigatória desde que os ministros de confissão religiosa foram equiparados aos trabalhadores autônomos (BRASIL, 1960). Os líderes Umbandistas passaram a poder obter passaporte diplomático, como já era possível para líderes de outras religiões, dependendo da autorização do Ministro das Relações Exteriores. O passaporte é previsto para pessoas que, conforme o artigo 6º do Decreto nº 1.983 (BRASIL, 1996), "embora não relacionadas no caput deste artigo, devam portá-lo em função do interesse para o País". E também passaram a usufruir do direito, garantido pelo Código Penal, desde 1941, a todos os ministros de confissão religiosa, de ficar em prisão especial antes de condenação definitiva.

Hoje a Umbanda é praticada em todo o solo nacional como religião brasileira e traz em seu bojo o diverso ritualismo da cultura local, de acordo com a região do país em que ela esteja sendo realizada. Este processo de ter uma religiosidade multicultural, ao contrário do que muitos podem crer, enriquece-nos ainda mais e prova o quanto a Umbanda é uma tradição religiosa profundamente brasileira.

O Brasil é um país de proporções continentais. Ele guarda em seu ventre uma diversidade cultural muito grande, com tantas aldeias indígenas, negros africanos trazidos escravizados de diferentes partes da Mãe África e que igualmente foram para diferentes regiões de nosso Brasil. Seria impossível imaginar que um país assim não gerasse essa religião rica em doutrinas e não traduzisse as diferentes tradições dos conhecimentos e costumes nele existentes.

Há de se pensar sobre a forma brasileira de praticar o catolicismo, com as romarias, ladainhas e procissões seguidas de festejos folclóricos, além da cultura dos diferentes imigrantes vindos para o país. Ressaltam-se os povos cigano, árabe, português, espanhol, francês, e muitas outras nacionalidades que se miscigenaram no nosso povo. Percebemos que o resultado dessa mistura foi a origem de muitos companheiros Exus e Pombagiras que guardam, inclusive, os hábitos de vestimentas e costumes das épocas e dos locais de onde vieram. Eles se trajam, durante os rituais, com capas e cartolas. Ressalta-se, também, o conhecimento de magias, feitiços e encantarias praticados nessas culturas.

O kardecismo tem grande influência nos rituais de Umbanda, pois o Brasil é o país de maior adesão kardecista do mundo. Portanto, a Umbanda é uma religião em que convergem diferentes culturas e tradições, fato que pode ser incompreensível para alguns, mas que é perfeitamente harmonizado no plano espiritual, pois todos os saberes provêm de Deus e caminham para Ele.

O mais importante disso tudo é que Deus, nosso Pai Celestial, nos criou individualmente. Somos diferentes. Logo, é natural que tenhamos preferências e afinidades religiosas diferentes. Cabe a cada indivíduo descobrir qual é o seu caminho religioso, quais são as suas raízes culturais e ancestrais para, desta forma, buscar a sua plenitude na tradição com que melhor se identifique. Saravá.

O que é Umbanda?

A Umbanda, como dissemos anteriormente, é um fenômeno religioso genuinamente brasileiro. Ela se traduz pelo culto à ancestralidade dos povos originários indígenas, como os verdadeiros donos da terra do Brasil, e dos povos africanos, como pertencentes à formação da cultura brasileira, a mais recente, de 1500 até os dias atuais. Insere, em seu bojo, os povos ligados à magia das diferentes regiões, tais como a Irlanda do Norte, Galícia e outras mais, bem como os povos ciganos e muitos outros habitantes, inclusive alguns até já extintos do Planeta Terra. Cabe ressaltar que muitos vêm de dimensões distantes, ainda pouco compreendidas pelos humanos.

A Umbanda não é uma religião de dogmas. O estudo do livre-arbítrio está presente o tempo todo em sua prática. Entretanto, cabe a cada um de nós, através do nosso autoconhecimento, sentirmos se ela está no nosso caminho. O atual estágio de nosso espírito, em seu grau de evolução, dá-nos essa certeza. Essa crença baseia-se no princípio da caridade gratuita e na compreensão reencarnacionista, sem a qual não seria possível compreendermos os nossos conflitos e nem mesmo o porquê da existência das Entidades de Umbanda.

A gira de Umbanda

As práticas Umbandistas caracterizam-se por giras ou sessões, cerimônias religiosas em que o Dirigente e o corpo mediúnico do Templo entoam cantigas e saudações. Através dessas invocações manifestam-se Entidades, que são espíritos desencarnados e que já atingiram o nível em que prestarão socorro à assistência ou aos consulentes presentes, ou seja, pessoas que buscam na Umbanda uma palavra de conforto, caminhos e orientação espiritual. O socorro é dado através de consultas, passes, limpezas e fortalecimentos energéticos, descarregos, sacudimentos (trabalho de afastamento de energias negativas) com uso de magnetização de força, casamento, batizados, amacis[2], cura e outros procedimentos.

Essas giras são, comumente, abertas com defumadores, que são carvões em brasa queimando ervas de defumação, tais como alecrim, alfazema, benjoim, café, açúcar, casca de cebola, dente de alho, dentre outros desimpregnadores. Eles têm a função de limpar o ambiente e todos os presentes, para que o campo vibratório[3] do Terreiro fique preparado energeticamente. Tal procedimento é feito para receber as Entidades que conduzirão os trabalhos durante a sessão. A defumação

---

[2] Amaci, amassi, ou amancim – vem do termo "amaciar", "tornar receptivo". É a lavagem da cabeça do médium, especificamente do Ori, com um preparado de ervas e águas da natureza (mar, cachoeira, lagoa), com a função de limpeza e energização.

[3] Campo vibratório – Acúmulo de energias que circundam as pessoas e locais. A polaridade desse campo depende da qualidade dos pensamentos e sentimentos. No caso dos Templos Religiosos, há um grande acúmulo de forças positivas, mas como todas as pessoas atuam como ímãs, podemos atrair, acopladas em nosso próprio campo vibratório, energias negativas para esses locais. Essas energias são neutralizadas através de rituais como a defumação, por exemplo.

é sempre acompanhada por cânticos específicos para este momento. Cada Templo ou Casa entoa os de sua preferência.

Após este ato, os Ogãs[4] saudarão e invocarão a Entidade-chefe que conduzirá os trabalhos. Neste momento, a(o) Dirigente estará posta(o) no centro do Terreiro, para receber o seu guia-chefe. Ao chegar, essa Entidade-chefe é sempre muito aplaudida e reverenciada pela força e sabedoria que traz a todos os presentes.

Em seguida, serão invocadas as Entidades do segundo escalão na hierarquia espiritual do Templo, que, normalmente, segue a hierarquia terrena. Estas se manifestarão nas Mães ou Pais Pequenos e serão também muito aplaudidas e reverenciadas por todos. Em seguida, serão invocadas as Entidades de todo o corpo mediúnico, normalmente sendo louvadas na sequência que começa nos mais antigos do Templo, por terem mais tempo de trabalho mediúnico e, portanto, mais força acumulada pelos socorros já prestados em atividades espirituais. Depois disso, serão invocadas todas as Entidades dos demais médiuns.

A firmeza da gira

Ao chegarem, as Entidades costumam ficar um tempo em silêncio ou saudando, ou seja, cumprimentando as outras Entidades e os locais que representam a firmeza do Templo. Essa fortaleza é formada pelas diferentes falanges firmadas no Terreiro, que são: a Casa das Almas ou Pretos Velhos, os Exus e Caboclos. Neste momento, também pedem seus apetrechos e indumentárias, que já estão separados pelos seus

---

[4] Ogãs – Sacerdotes responsáveis pelos cânticos.

"Cavalos",[5] isto é, seus aparelhos, e cambonos[6]. Alguns pedem roupas ou composições de suas vestimentas, pembas, charutos, velas, ervas, marafo, água, dentre outros. Depois de um tempo, que varia mais ou menos entre 20 e 40 minutos, a gira é considerada firmada, preparada, ou seja, energeticamente forte, para, então, começarem os trabalhos.

Todo este ritual é muito importante e deve ser compreendido pelo médium iniciante e pelo leigo que frequenta a gira pela primeira vez. A ansiedade que os visitará neste momento deve ser descartada mentalmente e, de fato, devem ater-se ao trabalho que está sendo realizado.

As Entidades, quando chegam à Terra, precisam desse tempo para firmar a sua energia e a sua incorporação no médium, como veremos no capítulo sobre mediunidade e incorporação. Para tal fenômeno, requer-se tranquilidade: ela é gradativa em muitos médiuns. Além disso, quando as Entidades chegam ao Terreiro fazem um diagnóstico, uma espécie de raios X extrassensorial dos presentes. É neste momento que leem os pensamentos deles e percebem as energias que estão no ambiente, inclusive as que causam os desassossegos da vida, que são, normalmente, os responsáveis pela visita do consulente ao Templo.

É importante destacar também que este momento é de muita força dentro do Terreiro, pois as Entidades-chefes estão se manifestando coletivamente. Em alguns casos, falanges inteiras estão chegando nesta hora, trazendo os campos de força dos seus reinos. Eles são denominados Aruanda, Mar, Cacho-

---

[5] Cavalo ou aparelho – médium que incorpora as entidades que se manifestam.
[6] Cambono – médiuns que, normalmente não incorporam, ou incorporam em sistema de revezamento, e são responsáveis por prestar auxílio às entidades que estão trabalhando, fornecendo seus apetrechos como copo com água, bebidas, charutos, ervas, pembas e etc. São também conhecidos como sambas de Terreiro e são muito importantes para o bom funcionamento da gira.

eira, Matas, Calunga Pequena, Montanhas, Lagoas e demais partes da natureza. Na verdade, os reinos representam toda a vitalidade dos elementos astrais que utilizam, durante o trabalho de auxílio à humanidade, que é realizado durante a gira. Portanto, permanecer concentrado e em silêncio já é suficiente para receber um banho magnético de luz, trazido por esses capangueiros de Aruanda Maior, que é o local, no mundo espiritual, onde habita grande parte das Entidades da Umbanda.

Os cânticos

Outro elemento importante utilizado durante todos os trabalhos de Umbanda são as cantigas entoadas pelos Ogãs, que são os sacerdotes responsáveis pelos cânticos tradicionais. A forma ancestral de se comunicar com Deus e com as forças da natureza é uma regra presente nas religiões brasileiras, também herança e aprendizado dos povos indígenas e africanos, e constitui-se em momento de muita força. Esses louvores contam a história das Entidades, parte das lendas dos Orixás, falam dos campos de força da natureza aos quais Orixás e Entidades estão ligados.

A música é sempre motivo de alegria para aqueles que cantam. Realmente, o ditado popular confirma: quem canta seus males espanta.

Outra função dos louvores é auxiliar no trabalho de concentração das pessoas: no tempo em que permanecem cantando, elas se distraem menos, liberam as emoções mais densas e abrem seu campo extrassensorial para receber melhor as irradiações magnéticas que estão em vibração no ambiente que se forma nas giras.

A música e os Ogãs são muito importantes para a boa realização dos trabalhos de Umbanda. Nos Templos Umbandistas onde não existem as figuras dos atabaques e dos Ogãs, os cânticos não deixam de estar presentes durante os trabalhos: eles são executados acompanhados de palmas.

A tradição de rezar e invocar a Deus e às forças da natureza através dos louvores, das cantigas e do uso de instrumentos de couro é milenar e extremamente poderosa. O Ogã, quando bem-preparado, mantendo a humildade necessária e tendo o acúmulo de vivência preciso dentro de um Terreiro, terá sua voz e suas mãos cada vez mais abençoadas e fortalecidas para invocar as forças da natureza e fazer com que as energias – Orixás e entidades – que irão se manifestar respondam, instantaneamente, com suas peculiares vibrações em cada dobra feita no couro dos atabaques. E, seguindo estes três cuidados, sintonizarão mais rapidamente com as Entidades-chefes que vão lhes incutir os pontos certos para serem cantados, trazendo as energias específicas para adequação do trabalho que está sendo feito.

Os trabalhos no Templo

Também são práticas Umbandistas os trabalhos de cura, os sacudimentos, amacis, descarregos, batizados e casamentos realizados em muitos Templos de Umbanda.

Em alguns deles ocorrem atividades semanais, mas existem Terreiros que têm atividades diárias e outros que são quinzenais. O ideal é que a frequência não seja exaustiva, para não esgotar mental e espiritualmente os dirigentes e o corpo mediúnico. Contudo, deve-se observar a necessidade de não haver intervalos muito longos, pois tal fato causa acúmulo energético nos médiuns, gerando certo desconforto. Desta forma cabe a cada dirigente, homem ou mulher, definir qual a melhor frequência de suas atividades públicas e particulares.

A ocorrência de atividades uma vez por semana, como correntes, giras, passes, mesa branca, descarrego e cura, é muito importante para os dirigentes, que conseguem manter um fluxo de trabalhos melhor com os médiuns. Isso é bom para estes, pois auxilia no desenvolvimento, que só é completo com o acúmulo de vivência durante os trabalhos de Umbanda.

O que se percebe também é que o resultado é excelente para a assistência que frequenta o Templo Umbandista de forma contínua. Tal atitude dá sequência, mesmo que as pessoas não saibam, a um tratamento espiritual higienizador e fortalecedor do seu campo magnético, feito todas as vezes em que permanecem no campo vibratório do Terreiro durante os trabalhos de Umbanda.

Desejamos ressaltar que isso não é uma obrigatoriedade, pois deve-se observar e respeitar a disponibilidade de cada Dirigente. Hoje em dia, uns trabalham, estudam, têm filhos pequenos, família, problemas de saúde e, diferentemente das outras religiões, não são remunerados pelo seu trabalho religioso. Logo, precisam trabalhar e conciliar o seu tempo de doação espiritual com a organização do seu tempo profissional. Aqueles que têm menos disponibilidade de horário serão sempre recompensados energeticamente durante os trabalhos pelos seus guias-chefes, que entendem a necessidade de recursos espirituais para equilibrar o fluxo energético do ambiente. E não cabe ao iniciante o questionamento do calendário de atividade: ele é sempre agendado de acordo com a disponibilidade da direção da Casa em sintonia com seus mentores-chefes.

Preparo dos médiuns

Os médiuns de Umbanda devem cuidar da alimentação e de algumas atividades por pelo menos 48 horas antes da gira. É feito um resguardo de sexo, carne, bebidas alcoólicas e badalações.

Em dia de gira ou trabalhos espirituais, é bom que os médiuns evitem gorduras (como frituras, manteiga e maionese), excesso de café, doces e alimentos industrializados. É importante evitar entrar na gira de barriga cheia e preservar o tempo de pelo menos duas horas antes da gira sem comer.

Estes cuidados visam preservar os fluidos que são emanadas do chacra central, localizado no abdômen, mais especificamente na região do estômago, e que é profundamente usado durante as atividades mediúnicas. Estes cuidados também evitam que o médium sinta mal-estar e dor de cabeça quando terminam os trabalhos.

O sexo deve ser evitado porque os laços que ligam o casal permanecem por pelo menos 48 horas. Aos parceiros então se preserva a energia de quem não está na gira.

Quanto às badalações, o espírito de qualquer pessoa sofre os impactos enrgéticos do ambiente em que pisa. Certas festas e eventos têm vibrações pesadas e, portanto, não são aconselháveis para o período que antecede a gira, visando não comprometer os fluidos que serão doados para aqueles que serão beneficiados pela lei de caridade da Umbanda sagrada. Imagine que o socorrido necessita de um trabalho de cura para o restabelecimento da saúde de alguém que se encontra em estado grave em um hospital, e imagine que este alguém seja um familiar seu. Se você soubesse que as atividades que o médium faz antes dos trabalhos podem comprometer a eficácia do socorro, você descumpriria os resguardos?

Outro ponto bastante recomendado pelas Entidades é que os mediuns somente se retirem do Terreiro depois de todo o trabalho terminado e com autorização da Mãe ou Pai de Santo, do Dirigente ou Zelador. Somente eles podem dizer com certeza se os trabalhos estão encerrados para os médiuns depois que o público externo foi embora. A limpeza do terreiro é de responsabilidade do corpo mediúnico. Manter o Templo limpo é fundamental para que as energias positivos permaneçam ativas. Além disso, é bom evitar festas e sexo nessa noite, pois os trabalhos ocorridos durante a gira são frequentemente continuados durante o sono. O dia seguinte é livre, mas sempre com moderação.

O médium deve sempre honrar o nome da casa a que pertence com o seu comportamento idôneo, assim como as Entidades com que trabalha. Isto não significa ser hipócrita, significa zelar pela sua imagem e pela imagem da sua religião. A Umbanda não nos proíbe de nada, apenas nos orienta sobre os excessos de certos gostos. Temos que ter responsabilidade com a nossa imagem, mesmo que isto seja gradual, e com o tempo vamos evitando beber em ambientes abertos ou de baixo teor vibratório, evitar a promiscuidade, tão recorrente em tempos atuais, e zelar pela saúde do corpo que é instrumento de seres de luz para a prática da caridade na Terra.

Ética e Valores Umbandistas

Práticas ritualísticas

Na Umbanda, cada dirigente de Templo tem autonomia para conduzir o seu culto e todo ritualismo do Terreiro. Não há na religião Umbandista um código regimental que defina as práticas de quem preside o Templo. Em parte isso acontece por conta de toda a diversidade que explicamos no capítulo anterior e também pela falta de consenso, por parte da maioria das lideranças, de que é necessário haver um Conselho Nacional, como o CONDU[1], que não interfira na prática religiosa, mas estabeleça os princípios éticos presentes na maioria dos Templos Tradicionais e limites jurídicos, que visem defender o nome e a honra da Umbanda e dos milhares de dirigentes e seguidores sérios que professam e divulgam, por sua própria conta, a força desta sagrada e linda religião.

---

[1] O CONDU (Conselho Nacional Deliberativo de Umbanda) foi criado em 1971 e estava sediado no Rio de Janeiro, com a intenção de agregar as federações existentes no país. Chegou a reunir 46 associações, mas, em 1980, por diversas razões, acabou perdendo força e sendo desativado. Hoje os arquivos do extinto CONDU estão em mãos desconhecidas.

Por esta razão, é possível ir a diferentes Templos e assistir a uma gira dos mesmos Orixás[2] ou Entidades ser realizada de maneiras completamente diferentes, ou até os mesmos rituais sendo chamados de formas diferentes. Ressalta-se, inclusive, a forma como é chamado o Dirigente Espiritual: mãe, pai, babá, zeladora, madrinha, yiá e outros.

Porém, o que deve ser observado é a essência do que está sendo feito e ensinado. Em primeiro lugar, um verdadeiro Templo de Umbanda deve transmitir força, paz e energia positiva aos filhos da Casa e aos frequentadores. O principio ético da Caridade deve estar sempre presente e, pela tradição, um Templo Umbandista não deve cobrar pelo atendimento espiritual prestado, por mais difícil que seja o sustento do Centro ou Terreiro e do Dirigente Espiritual, Pai ou Mãe de Santo.

Um fato a lembrar acerca do sacerdote é a sua abnegação, condição para o exercício do sacerdócio Umbandista, porque se não pagamos para ter mediunidade, portanto, não se pode cobrar pelo seu uso. Os dons mediúnicos são auxiliadores da evolução da humanidade e do planeta. O valor material que não é recebido pelos sacerdotes e pelos médiuns chega de outra forma, através de graças, livramentos, paz, crescimento, aprendizado, fortalecimento e felicidade que conquistam: basta apenas que se estejam atentos para perceber isso.

"Dai de graça o que de graça recebeste." Aquele que acha que doar-se gratuitamente consome a sua energia vital, de fato não entende nada de magia, pois toda a natureza é feita

---

[2] Orixás ("Ori" – Cabeça / "Xá" – força) – Ancestrais que carregam a quintessência das energias dos pontos da natureza, relacionadas à manifestação dessas forças, como mares e oceanos, cachoeiras, rios, lagoas, chuva, fogo, matas, terra, dentre outros. Saiba mais no capitulo *Orixás*.

de doação e retribuição, e há milhares de formas desta energia doada retornar para a fonte doadora. A primeira delas é a felicidade de ajudar o próximo e muitas vezes salvar vidas: isto o dinheiro não paga.

Jesus Cristo

A Umbanda é cristã: reconhecemos no espírito de Jesus Cristo uma das maiores almas que passaram por este planeta e, por isso, é comum sermos aconselhados pelas Entidades Umbandistas com os exemplos deixados pelo mestre Nazareno. Também é muito comum encontrarmos imagens de Cristo nos Templos Umbandistas. Por esta razão, alguns de seus ensinamentos tornaram-se princípios éticos inquestionáveis e que são praticados nos verdadeiros Templos.

Como já foi explicado, a Umbanda é uma religião brasileira, e o catolicismo esteve o tempo todo presente nas aldeias indígenas e nas senzalas. A fusão sincrética[3] foi inevitável. Porém, a Umbanda compreende o Mestre Jesus Cristo muito além do Cristo católico. Nós o percebemos como um irmão mais velho, em termos de lucidez e força espiritual, que foi perseguido, castigado e incompreendido, assim como os povos indígenas e africanos.

Apesar de tudo que passou, superou, através da fé, o seu calvário e transmitiu mensagens de paz. Até hoje isso acon-

---

[3] Sincretismo – é a fusão de cultos religiosos. Como dissemos anteriormente, a Umbanda nasce da fusão das crenças indígenas, africanas, católicas e até europeias com os rituais de magia. Especificamente em relação aos Orixás, o processo intenso de fusão da cultura africana sobre as lendas dessas Divindades e a história dos santos católicos que possuíam similaridade, possibilitou o culto sem os açoites e castigos.

tece, quando simplesmente tocamos em seu nome ou mentalizamos a sua imagem. Por isso o respeito pela sua grandeza é vital nos Terreiros de Umbanda. Ele é invocado a todo momento nos trabalhos. Jesus é certamente filho de Oxalá e por isso a sua fusão sincrética com o mesmo.

A passagem de Jesus se deu há mais de dois mil anos, e os povos indígenas e africanos, principais pilares ancestrais da Umbanda, existem há milhares de anos. Talvez por isso, tenham sabedoria para reconhecer uma alma grande como a de Jesus de Nazaré: é assim que os Pretos e Pretas Velhos e os Caboclos da Umbanda nos ensinam.

O Bem

Importante valor Umbandista é a prática do bem. Um Templo Umbandista verdadeiro é comprometido com a prática do bem. Na proporção de força e volume em que fazemos o bem, temos mais poder para quebrar o mal que persegue aqueles que procuram os Templos em busca de apoio, ajuda, aconselhamento ou simplesmente para frequentar ou conhecer. Todo Templo que realize qualquer tipo de maldade, tentando burlar as leis naturais que regem o universo, não deve ser considerado uma casa de Umbanda. Fazer o bem sem olhar a quem é um princípio fundamental da Umbanda.

Sangue Vegetal

Nos Templos Umbandistas tradicionais não é comum a prática do uso de sangue animal. Na maioria das vezes recorre-se ao uso do sangue vegetal (fluido/extrato das ervas) e várias outras formas de se extrair fluidos da natureza em comunhão com o exercício mediúnico e a prática do trabalho social que traz uma gigantesca força positiva, além de ser capaz de nos proteger de muitos males, doenças e dos inimigos ocultos.

Existem também Templos que não utilizam nenhum tipo de sangue vegetal, fato que não enfraquece em nada seus trabalhos, pois, como já dissemos anteriormente, as Entidades-chefes do Terreiro dispõem de diferentes formas de captação de fluido para realização do seus trabalhos no Terreiro. A flora e as matas brasileiras são fartas de recursos para extração dos mais diferentes tipos de fluidos que se possa imaginar; basta apenas ter o domínio deste conhecimento para utilizar.

Oferendas

A oferenda é costume de muitas tribos africanas e indígenas das quais a Umbanda deriva. Ela tem a finalidade de realizar uma troca de energia entre a cabeça do médium e os alimentos ofertados. Esses mesmos alimentos têm energia para manter uma pessoa viva. Uma vez utilizados como oferenda, são magnetizados pela energia Orixá/Entidade ao qual ela se destina, e então realiza uma transposição energética na cabeça/corpo daquele que as oferta, desde que seja feita em ambiente adequado, de forma bem-orientada e por sacerdotes de bom fluidos espirituais.

A prática das oferendas varia de um Templo para o outro, mas isto não interfere de maneira nenhuma na força do Terreiro. A recomendação a ser feita é que uma oferenda não substitui a prática da atividade mediúnica: ela é a principal responsável pela transmutação das forças que vibram no campo magnético do médium.

Outro cuidado a ser tomado é com o excesso. O desperdício não gerará mais força, mas sim a sinceridade e a consciência do que representa uma oferenda e a intenção do que se está pedindo.

Outro mecanismo acionado no momento da oferenda é o alcance da máxima concentração por aquele que faz a oferenda. Muitas pessoas têm dificuldade de se concentrar para rezar, pedir, orar. Durante todo o tempo da oferenda, o indivíduo mantém seu pensamento naquilo de que precisa. Isto facilita a leitura dos seus pensamentos por parte das Entidades que o protegem e o prepara para receber as respostas, positivas ou não, intuitivas ou através de outros sinais que a espiritualidade lhe dará sobre tal pedido.

Isto não quer dizer que devemos fazer oferendas para rezar. Os médiuns mais treinados substituem uma oferenda por uma oração ao seu Orixá, Entidade ou anjo da guarda, com a mesma força que aqueles que acham que somente "agradando com oferendas" serão ouvidos pelos Orixás e Entidades de Luz. Por isso os Templos de Umbanda que não utilizam oferendas mantêm a sua força através da prática dos trabalhos espirituais e sociais que fazem, o que não significa que sejam menos fortes em hipótese alguma.

As oferendas também têm a função de ajudar aqueles que têm mais dificuldade de concentração para a prática da oração. Quando bem-orientadas, as oferendas têm a função de ser um instrumento de comunicação com os Orixás e Entidades, pois ajudam na concentração do ofertante e na consequente prece que ele faz nestes momentos.

Usemos um pouco de raciocínio: o que você pensaria de alguém que lhe presenteasse com uma peça do seu próprio guarda-roupa? O mesmo se dá com as oferendas. Os Orixás são donos de tudo que extraímos da natureza para ofertar. Portanto, eles não precisam das oferendas para serem acalmados ou atender a seus pedidos. Elas têm a função de purificá-lo e, por isso, deve ser devolvida à terra, após o período estabelecido para permanecer no Templo.

É muito importante que os Sacerdotes/Dirigentes que têm a prática de oferendas se adequem à realidade moderna e se conscientizem de que não é mais possível ofertá-las sem pensar no meio ambiente. É possível adotar práticas que equilibrem tradição e modernidade: é só pôr a mente para pensar.

Meio ambiente

A preservação da natureza e do meio ambiente sempre foi uma prática das tradições indígenas e africanas. São povos que se alimentam do que cultivam na terra e moram sempre onde há água para que possam sobreviver, e por isso a natureza é vista por estas tradições como Deuses/Orixás, ou seja, energias divinas que emanam força e garantem a perpetuidade da vida. Por esta razão, a natureza sempre se constitui como um altar sagrado para as tradições religiosas brasileiras: é a mãe natureza a que nos reportamos o tempo todo em busca de força e equilíbrio.

Os praticantes da Umbanda devem evitar ao máximo pôr oferendas nas ruas: elas atraem roedores e comprometem a energia da própria oferenda, que, sem reflexão do médium/assistente, acaba sendo deixada em lugar hostil, inapropriado energeticamente. Quando precisar fazer uma oferenda, busque o espaço do Templo, que é o espaço sagrado de culto.

Evite o uso de vidros (perfumes, bebidas, espelhos, joias e alguidares): eles matam os peixes e os animais das matas que se alimentam em cadeia alimentar, o que certamente não deixa nenhum Orixá/Entidade feliz. No caso das garrafas, derrame o líquido e leve o vidro de volta. Substitua os alguidares por folhas, o espelho por brinquedos infantis que imitam espelho.

Tome cuidado com as velas nas matas e evite o uso de panos: substitua por papel. E não despache imagens, quartinhas e outros recipientes no reino dos Orixás: você não gostaria que entrassem na sua casa e deixassem sujeira lá, não é mesmo? Então, não faça isto com o campo de força dos Orixás/Entidades.

No momento de levantar as oferendas, não as jogue no lixo. Peça autorização às Entidades-chefes da Casa para enterrá-las no próprio Terreiro. Assim você diminui o volume de lixo no ambiente e devolve à terra aquilo que ela lhe deu para fortalecimento do seu Ori.

Também não deixe sacos plásticos e outros elementos poluentes nos espaços de natureza, lembrando que a rua também é espaço sagrado: são domínios de nosso grande Pai Ogum e de Exu. Reveja suas práticas e as adeque aos tempos modernos, com os cuidados de preservação ambiental, sem deixar a tradição de culto às forças da natureza de lado.

A morte

A morte é a única certeza que temos na vida. Ao nascer não temos nem mesmo a certeza de que seremos chamados pelo nome que nossos genitores nos deram. Podemos, por exemplo, ser roubados na maternidade e criados por pessoas diferentes, que nem sabem nosso nome verdadeiro. Logo, ninguém é conhecedor do seu destino, mas todos sabemos que nada na vida dura para sempre. Então, por que não se preparar para enfrentar este processo, que ocorrerá inevitavelmente conosco e com todos que nos cercam? Ninguém poderá evitar isso; então, o melhor a fazer é se preparar para este acontecimento.

Em primeiro lugar, pensar o que é a vida depois da morte. Será que viemos ao mundo para nascer, crescer, viver e morrer? Será que tudo acaba aí? Por que então uns chegam com diferentes bagagens de conhecimento e sofrimento ao mundo?

Na visão Umbandista, a vida continua. A morte é um momento de dor para aqueles que ficam, mas uma etapa necessária na vida daqueles que vão. Precisamos pensar que tudo que fizermos hoje são sementes que serão colhidas durante a vida e no pós-morte também. Por isso precisamos rever nossa visão de mundo e não viver a vida como se ela se encerrasse em si mesma.

Precisamos nos preparar para esta continuidade. Habitaremos um mundo em que a moeda de troca não será mais o dinheiro, mas sim a luz gerada pela suas boas ações durante sua existência na Terra. Por esta razão, não se deve dispensar a oportunidade de ajudar ao próximo das diferentes formas que Deus assim nos solicitar. É a prática do bem que nos trará a verdadeira felicidade enquanto encarnados e a paz quando do outro lado da vida.

Muitas pessoas passam uma vida inteira preocupando-se apenas consigo próprias e com o seu núcleo familiar, esquecendo que há muita gente no mundo em situação diferente da sua, sem refletir que o que é pouco para um às vezes é muito para outra pessoa. Para o Umbandista verdadeiro, não se pode achar que o problema das desigualdades sociais é apenas de ordem política. Todos temos responsabilidade com o próximo.

Não pode ser possível que a vida coloque uma pessoa em seu caminho precisando de ajuda e você não se sensibilize pelo menos para tentar ajudar. É claro que cada caso é um caso, mas não julgue antes de ajudar. O ensinamento da Umbanda é de que estamos aqui para ajudar e não para julgar. Infelizmente, este balanço só é feito pelas criaturas depois de mortas, o que gera muito arrependimento pelas boas ações que deixaram de fazer, pois todas as futilidades, vaidades e mesquinhezas que alimentaram durante a vida não são mais capazes de lhes oferecer conforto. Sentem a falta de Deus em suas vidas, e as ações do bem são o que realmente nos aproxima dele.

Pense no seu amanhã. Pense no exemplo que você será para aqueles que você deixará na Terra. Leia mais, procure conhecer o que as religiões falam da vida após a morte. Você vai perceber que muitas religiões milenares estudam o processo de vida e morte a que todos os seres vivos estão sujeitos na Terra. Isso alimentará seu espírito de conhecimento e o livrará do medo de morrer e de aceitar a morte daqueles que partem.

Não é bom revoltar-se com a morte de ninguém. Isto faz mal ao ser desencarnado e vai contra as leis naturais que regem o universo. Devemos evitar a morte prematura, cuidando da nossa saúde física e espiritual, mas quando ela acontece, temos que encontrar força para aceitar e seguir em frente, porque ela faz parte do nosso processo natural de evolução.

Ame agora, peça perdão agora, seja feliz com todos que o cercam hoje para que você não seja surpreendido com a sua própria morte inesperada ou a de alguém de quem você gosta e carregue no peito a dor do arrependimento decorrente de brigas e mal-entendidos. Todos iremos nos reencontrar um dia, mas o melhor é que estejamos bem quando isto acontecer. Mestre Jesus tem uma passagem que nos diz: "Entra em acordo sem demora com o teu adversário, enquanto estás no caminho com ele." (Mateus, 5:25). Não parta da vida com inimizades, resolva seus conflitos enquanto está vivo. Isto evita a geração de dívidas cármicas, que tem grandes chances de se tornarem perseguições obsessivas no pós morte e nas próximas vidas.

No momento de saudade, reze por aquele que se foi. Esta é a melhor maneira de transmitir seus sentimentos. E reze por você também, para aceitar essa passagem sem revolta. Lembre-se de que tudo na vida passa, e toda dor também passará. A vida é eterna.

Reencarnação

A Umbanda acredita na reencarnação. Sem este entendimento, não seria possível pensar na justiça divina e muito menos encontrar a chave para decifrar tantos enigmas existentes em nossas vidas. Pela compreensão da reencarnação podemos entender a "samsara", a roda da vida. Por que viemos ao mundo com bagagens espirituais negativas e positivas, por que temos conflitos inexplicáveis com nossos familiares e outras pessoas com quem convivemos, por que sentimos afinidades e ligações com pessoas, locais e costumes que não sabemos explicar?

É esta visão que atenua grande parte dos sofrimentos, pois com ela trabalhamos a ideia de que não chegamos ao mundo zerados de dívidas cármicas.[4] É exatamente por isso que não somos vítimas e injustiçados. Caso contrário, Deus seria injusto, pois ele mandaria para a Terra espíritos iguais em diferentes condições: uns que já chegam sofrendo e outros sendo favorecidos. Na verdade, todos colheremos tudo aquilo que plantamos: plantio ruim, colheita ruim; plantio bom, colheita boa.

Esta visão é que nos faz evitar cometer novos erros e consequentemente ampliar nossos débitos cármicos. Ela nos ajuda a moldar nossos instintos e nossa personalidade. A reencarnação deve ser nosso horizonte. Devemos usá-la sempre como equilíbrio de nossas emoções, lembrando que todos os atos negativos retornarão negativamente, mas tudo aquilo que fizermos de bom também retornará positivamente muitas vezes em forma de bênçãos, livramentos e proteções que muitos chamam de sorte, mas na verdade é merecimento registrado nas contas de Deus. Faça sempre o bem sem olhar a quem, um dia você pode precisar deste retorno.

Dentro da visão reencarnacionista, é compreendido que os espíritos encarnados na Terra estão em diferentes níveis de conhecimento espiritual. Este fato é facilmente perceptível ao observarmos que alguns indivíduos são capazes de matar e cometer crimes bárbaros enquanto outros não conseguem sequer matar um inseto. Estas diferenças não são apenas atributos da personalidade, mas principalmente do estágio em que o espírito se encontra dentro da sua trajetória evolutiva.

---

[4] Carma (do sânscrito *karman*, que significa "ação") – consiste nas ações geradas como consequência de atos passados. É a essência da lei do retorno. O carma pode ser positivo ou negativo, dependendo do tipo de ação que o gerou, ou seja, boas ações geram carma positivo, más ações geram carma negativo ou dívidas cármicas.

Na Casa do Perdão costumamos explicar que existem pelo menos 33 níveis de escala evolutiva no planeta Terra. Ou seja, quase todos os espíritos que encarnam em nosso planeta transitam entre estes 33 gradientes. Como é muito difícil descrever todos, vamos exemplificar os primeiros e os últimos, lembrando que os intermediários oscilam essas diferentes características.

Os primeiros, mais ou menos até o nível 7, são aqueles espíritos que vêm ao mundo com fortes características instintivas. Para eles, a morte provocada e o crime são absolutamente naturais. Tendem ao vício e à violência. Têm pouca preocupação com a higiene pessoal e do ambiente em que vivem, dificuldades de interagir com a sociedade, apreço por mentiras, falcatruas e dissimulações. São movidos pelos impulsos e pelas emoções, gostam de demonstrar força e poder, são escravos da ganância, da inveja, da vaidade, da cobiça, da leviandade, da intolerância, do preconceito, do egoísmo, do ciúme e da possessão. São vingativos e têm muita dificuldade de perdoar. Não admitem perder. Passam a maior parte do tempo preocupados com dinheiro, têm muita dificuldade de estabelecer afeto e não constroem fortes laços familiares. São movidos pela paixão e demoram muito a sentir o amor verdadeiro. Não são muito tementes a Deus e, por isso, se apegam pouco aos valores religiosos.

Os últimos são aqueles que já reencarnaram muitas vezes e tiveram a oportunidade de trabalhar seus instintos mais brutais e iniciar sua busca pelo divino. Os que estão mais ou menos acima do grau 27 tornam-se lideranças espontâneas em diferentes áreas, como a religiosa, a comunitária e a literária. Atuam como sacerdotes, escritores, artistas, humoristas, médicos, pesquisadores, personalidades públicas, políticos pacificadores, lideranças comunitárias, sociais, políticas, religiosas e tribais, parteiras, rezadeiras e em tantas outras funções que estejam sempre comprometidas com o bem. Quando alcançam este grau evolutivo, essas pessoas passam natural e magneticamente a influenciar pequenos e grandes grupos de pessoas, proporcionais à força adquirida no acúmulo de encarnações bem-sucedidas que tiveram. Transmitem paz, força e luz, não por serem especiais, mas porque superaram as provas de dor e injustiça. Portanto, através delas, Deus se manifesta, mesmo que elas não tenham consciência disso: afinal, esses gigantes não estão restritos ao universo religioso, eles estão muito além da nossa compreensão.

Toda prática do bem é manifestação divina. Portanto, se uma pessoa realiza algo de bom para um indivíduo ou para a humanidade, ela está atuando com Deus, mesmo que ela não perceba isto de forma religiosa. Ela simplesmente sente um chamado para o bem, e esta consciência moral positiva é a sua ligação com o cosmo. Esses grandes colaboradores do bem costumam deixar sementes de esperança e encorajamento por onde passam. Suas trajetórias de vida ou o que produzem costumam ser verdadeiros exemplos para seus seguidores. Por mérito da regeneração alcançada em existências anteriores, desenvolvem um dom carismático aliado a um natural magnetismo que atrai a atenção das pessoas.

Os que já estão efetivamente no grau 33 ou acima tornam-se conhecidos mundialmente para que possam levar seus conhecimentos e ensinamentos a multidões espalhadas por toda parte, como Jesus Cristo, Dalai Lama, Chico Xavier, Madre Teresa de Calcutá entre outros. É importante esclarecer que existem muitas pessoas que têm visibilidade nacional e mundial e que ocupam funções como as descritas antes ou até anônimas, porém essas almas missionárias devem ser reconhecidas pelos seus atos, não simplesmente pela sua fama. Também não podemos identificá-los pelo nível econômico. Riqueza e pobreza de espírito não se definem pelo meio social, mas sim pelas qualidades das suas ações.

Os demais espíritos mesclam essas características, de acordo com seu desenvolvimento, e por isso é difícil definir os estágios intermediários em que se encontram, entre os níveis 8 e 26. Mas basta percebermos o quanto temos em nós das características mais primitivas em relação ao quanto temos de altruísmo que rapidamente teremos uma noção que permite situar em que grau estamos e o quanto devemos nos esforçar para engrandecer nosso espírito. Este processo não é fácil, mas a prática Umbandista tem a função de ajudar, e muito, com as elucidações transmitidas pelas Entidades de luz que atuam nos Terreiros sérios.

Batizados

A Umbanda realiza todas as cerimônias que celebram o amor. O batizado é um ritual extremamente importante, porque ele saúda o nascimento de uma criança e busca, no momento desta bênção, magnetizar e cristalizar no indivíduo uma barreira de proteção que o fortaleça, evitando que caia facilmente nas teias do mal. Ajuda também no processo de ligação do espírito com a matéria em que ele está encarnado na atual existência, complementando, em alguns casos, o fenômeno físico da posse do espírito sobre o corpo após o nascimento.

Sabe-se que crianças são também espíritos e, assim, trazem consigo seus inimigos de outrora, que os perseguem e desejam complicar sua passagem na Terra. Sabe-se também que pode ocorrer de o ambiente em que a criança seja criada se trate de um lar hostil, de baixo padrão vibratório e que pode influenciar no seu campo astral, deixando-a exposta às consequências de estar em contato com estas energias inferiores. Existem características que provam de maneira sintomática o impacto deste efeito, como a criança que fica doente com muita facilidade, não dorme direito, chora demais e fica com forte irritabilidade.

É importante esclarecer que não se pode associar estes sintomas somente à questão energética e espiritual: eles também podem estar descrevendo sintomas de doenças que devem ser tratadas por médicos, nos hospitais e em Terreiros. Os pais devem observar os seus filhos, excluir a possibilidade de enfermidade com o pediatra e somente então buscar auxílio espiritual. Estes cuidados são muito importantes, porque é sabido de casos de crianças que foram salvas pelo batizado e pelo auxílio de um tratamento espiritual bem--feito, mas sabe-se, também que o fanatismo cega e mata.

Os batizados podem ser realizados nos Templos de Umbanda, em cachoeiras, praias, matas, montanhas, rios, lagoas e em ambientes familiares ou espaços públicos que tenham boa energia. No momento do batismo, o Caboclo, a Preta Velha ou o sacerdote que o estiver realizando invoca sobre a criança, magneticamente, uma força de luz emanada do universo, tão grande que forma uma espécie de capacete e capa protetora sobre o corpo espiritual da mesma, impedindo que fique tão vulnerável as energias negativas que existem no mundo e que não são inevitáveis para ninguém. É preciso convidar Entidades ou sacerdotes que tenham força e autoridade espiritual suficiente para abençoar estes seres.

O batismo é ato de extrema importância para quem recebe esta proteção. Existem relatos de pessoas que se livraram de perigo de morte e, ao chegar a uma gira de Umbanda, foram surpreendidas pelas Entidades com a notícia de que obtiveram força suficiente para tal livramento porque tinham a mão forte de uma Entidade sobre elas, e que essa proteção foi devida ao ato do batismo que receberam, ainda pequenos, em um Templo de Umbanda. Estes dizem não se lembrar e, orientados espiritualmente a pesquisarem, retornam à gira para dizer que souberam pelos pais, avós ou tias que realmente foram batizados por uma Entidade e que, sempre que necessário, eram levados a uma rezadeira para tirar o quebranto e o mau-olhado.

É importante ressaltar que tudo o que foi dito aqui serve para pessoas de qualquer idade, adolescentes, jovens, adultos, anciãos. Todos devem procurar se batizar. Este é o primeiro ato de religação da sua existência com o divino. Os importantes efeitos energéticos descritos têm o mesmo efeito sobre todos. Claro que o ideal é batizar o quanto antes, mas nunca é tarde para buscar toda forma de ligação com Deus e de consequente fortalecimento da sua cabeça.

Rezadeiras

As rezadeiras, assim como o batismo, são uma tradição milenar. Diversas tradições religiosas têm o costume de praticar rituais que visem fortalecer e proteger as crianças. O batizado é uma proteção mais forte por ter um efeito mais prolongado, mas não dispensa a regular visita a rezadeiras e rezadores. Esta é uma prática saudável que os pais devem adotar com seus filhos.

Todas as Mães e Pais de santo, além de alguns médiuns, são rezadeiras e rezadores natos, ou seja, trazem força suficiente em sua coroa (cabeça) para abençoar uma criança. Existem aqueles que não são sacerdotes, mas têm o dom e a mesma força de rezar as crianças em casa. Guardadas as devidas proporções, os passes também são equivalentes às rezas.

Em nossa religião, todas as crianças são sagradas, pois representam a continuidade da vida. Por isso devem ser bem amparadas. Isto para nós é tão forte que se torna um dos poucos atos em que existe consenso quase absoluto em não haver cobrança para realizar a reza. Mesmo aqueles que se perderam um pouco dos seus horizontes éticos, comercializando o seu dom espiritual, respeitam a gratuidade desta doação de energia e temem serem cobrados pelos Orixás por comercializarem este tipo de bênção.

Os pais, mesmo sem compreender, quando sentem os filhos diferentes, percebem que eles requerem algum cuidado espiritual. Dois importantes motivos para rezar as crianças regularmente são os famosos mal de quebranto e olho grande. Eles realmente existem e provocam profundo mal-estar nas crianças. Na verdade, as pessoas que emanam estas energias para as crianças o fazem, na maioria das vezes, de maneira inconsciente. Uma vez estando com o seu padrão vibratório desequilibrado ou negativo, ao tocar, pegar e em alguns casos somente olhar, derramam cargas negativas sobre as crianças. Estas, não estando batizadas e sem terem a frequência a rezadeiras, ou sem estarem passando por passes durante as giras de Umbanda, encontram-se desprotegidas. Sem defesa, absorvem, com mais facilidade, a negatividade das pessoas.

Cada rezadeira e rezador já salvou muitas vidas, ajudando a espiritualidade superior a proteger esses anjinhos. Devemos valorizar muito esses curadores. Muitos que estão lendo este livro devem se lembrar de terem sido levados, quando crianças, para serem rezados, e devem guardar desses momentos boas lembranças. As rezadeiras e os rezadores fazem parte da cultura popular brasileira e deveriam ser tombados como patrimônio cultural deste país. Eles deveriam ser multiplicados, em vez de estarem sendo extintos pela força do preconceito que cresce de maneira desordenada na sociedade brasileira.

Casamento

Toda forma de amor deve ser celebrada e abençoada. Os casamentos Umbandistas são lindos rituais de celebração do amor. Todos aqueles que, junto aos seus pares, integram o manto do amor em uma relação amadurecida, devem, sim, buscar a bênção de um sacerdote para invocar a proteção de Deus para sua união.

A realização do casamento Umbandista é um ritual que busca comunicar ao mundo que estas duas pessoas se amam e invocam a proteção de Deus naquele momento para que, juntos, possam continuar se amando e constituir uma família que comungue sempre a presença de Deus e de toda as Entidades de luz em todos os momentos de sua vida. Nesse momento, a Entidade e o sacerdote, invocando energias do universo e do reino dos Orixás, abençoam os nubentes, desejando que tenham sabedoria, companheirismo, amizade, solidariedade, lealdade, respeito e fé para que, juntos, construam um núcleo familiar, que é a base de toda sociedade, iluminado por Deus.

Em tempos modernos, é cada vez mais frequente que os casais não cheguem nem a dez anos de casamento, e isto tem comprometido muito a organização da sociedade. As famílias vêm se desestruturando em efeito cascata. Temos certeza de que este fenômeno está ligado aos avanços, não calculados, da modernidade, mas também à ausência de Deus na vida das pessoas, sobretudo dos pais e mães, que são os principais responsáveis por recepcionar, criar, cuidar educar e proteger as almas que chegam para o novo desafio da reencarnação na condição de filhos.

Os efeitos danosos de um lar que vive em brigas são incalculáveis, mas igualmente danoso é o efeito da separação na vida de toda família. Em tempos atuais, ninguém mais é obrigado a ficar casado com ninguém, mas parece que esta liberdade trouxe um comportamento voltado a não mais persistir na união e aceitar facilmente a separação como única solução. Parece que a humanidade está descrente do "viver felizes para sempre". Os casais modernos estão menos fortes para preservar seu amor e cuidar de sua família. Parece que ficou mais fácil amar uma novidade do que aprender a amar quem está diariamente ao seu lado. Todo cônjuge tem seus defeitos: em vez de esperar pela pessoa perfeita — que não existe em nenhuma dimensão conhecida pelos humanos —, por que não exercitar o amor inteligente para ser feliz?

O principal alvo dos espíritos obsessores é a família, seguida pelos adolescentes. Destruindo um lar eles destroem o coletivo, e o ataque estratégico aos jovens começa exatamente nesse momento de desestruturação do lar. O ser humano buscou a modernidade, mas esqueceu de prever o dano que uma relação mal construída, e portanto mal terminada, causa nos filhos desta união.

Na Umbanda temos uma preocupação de como será o futuro, uma vez que as gerações mais novas não têm referências de relações continuadas por longo tempo, e sabe-se que os comportamentos são socialmente influenciados. Será que o que se quer é o fim das relações sólidas? Em tempos modernos parece que existe algo de ruim em ser casado por muito tempo, e parece também que as pessoas já casam pensando em se separar. Estão prontas para isso, basta algo não sair como o planejado.

Este é um mal oriundo de uma liberdade com que a humanidade ainda não tem maturidade emocional e espiritual para lidar. Pensando agir como adultos livres, autônomos e independentes, agem como crianças indefesas que reagem com a separação nas primeiras dificuldades que a relação apresenta. Qual será a fórmula usada pelos nossos avós para permanecerem casados por trinta, quarenta, cinquenta, sessenta anos? Será que é tão impossível assim? E qual era o quadro da violência e dos transtornos sociais há pouco tempo atrás, quando as relações familiares eram mais duradouras? Será que há uma correlação entre esses comportamentos sociais e a desunião das famílias? Ao ver alguém em declínio emocional, envolvido com drogas, com depressão ou perdido na vida, já se perguntou como deve ser a estrutura familiar desta pessoa?

É preciso perder a ingenuidade e saber que os espíritos sem luz influenciam não apenas pessoas, mas também comportamentos sociais e coletivos. Hoje a regra é casar, depois namorar para ver se dar certo, enquanto, há pouquíssimo tempo atrás, namorava-se bastante e até se noivava, para só depois casar ou não.

A carência, o ciúme, a solidão, a baixa autoestima, a insegurança, o sentimento de posse, a paixão, o tesão, o interesse financeiro, a imaturidade e as ilusões têm casado mais gente que o amor verdadeiro. Aliás, o amor está muito distante da humanidade, justamente porque ele está distante das famílias. Quando não se encontra o amor em casa, já se sai à rua um tanto desiludido com as possibilidades de construir relações duradouras. O resultado são pessoas cada vez mais vazias e emocionalmente frágeis pelo fato de não terem sido criadas em ambientes com sólidas relações de afeto.

É importante pensar que é impossível buscar um casamento e construir uma relação sólida e duradoura sem fazer estas reflexões. A não previsibilidade destes pontos gera infelicidade a curto prazo, transtornos energéticos a médio prazo e processos obsessivos de alta complexidade a longo prazo.

Quando se busca bênção para uma união através de uma cerimônia de casamento, o casal tem que refletir sobre todos estes pontos. Abençoar uma união é algo muito sério. Esta bênção não pode ser em vão. Os nubentes não podem achar que o sacerdote será o elemento mágico que garantirá que tudo dará certo. A bênção para a união ajudará muito, pois protegerá e alicerçará o campo magnético do casal para evitar que caiam facilmente em armadilhas obsessivas dos espíritos inferiores especializados em destruir lares. A bênção de uma união e a celebração do amor é algo de mais lindo que existe no mundo. Exatamente por isso tem que valer a pena, não pode ser em vão.

Pense nisso. A Umbanda não aconselha falsos puritanismos. A religião tem ciência da atualidade. O aconselhamento é bem simples: não case com a primeira pessoa que aparecer em sua vida. Quando parecer que encontrou alguém, faça uma prece sincera e peça que Deus, em conjunto com o seu anjo da guarda e todas as Entidades, que o protegem, que deem sinais indicando se a pessoa é alguém que está vinculado ao seu planejamento reencarnatório. E permita que o tempo amadureça a relação, não tenha pressa. O símbolo do casamento é a aliança, não as algemas. Não queira prender ninguém pelo vínculo do casamento. Queira viver um amor tão intenso e equilibrado que o caminho natural seja o casamento.

Não se apavore se demorar a encontrar uma pessoa legal. O planeta tem, atualmente, sete bilhões de pessoas. É natural que a matemática do amor demore a acontecer, temos muitos caminhos e muitas encruzilhadas com que nos deparar. Enquanto não aparece a pessoa certa, se encante com aquelas que estão de passagem, sem querer pôr algemas nos corações alheios. Namore bastante e somente depois pense em casar ou não.

Observe atentamente as características da personalidade do seu(sua) parceira(o) e reflita se depois de dez, vinte, trinta anos o seu amor ainda será forte o bastante para permanecer convivendo com os defeitos da pessoa amada. Isto é bom porque, quando o casal for buscar a bênção para sua união (seja ela heterossexual ou homoafetiva, pois para a Umbanda o importante é o respeito ao amor), os pares devem estar de fato preparados e bem-amadurecidos para este pedido.

Aborto

Na visão Umbandista, somos contundentemente contra o aborto, o suicídio e a eutanásia. Em nosso entendimento, o principio da vida (o espírito) é criado por Deus. O livre-arbítrio, que Deus deu a todo ser humano, possibilitando o direito de livre escolha pelos seus atos, é respeitado pela Umbanda, mas transmitir o conhecimento sobre as consequências de todos os atos dentro da visão umbandista é dever de todo Templo de Umbanda.

Os pais geram e concebem, mas não têm o poder de dar a vida ao feto e decidir se o espírito vinga (sobrevive). Se fosse assim, nenhum pai e mãe imploraria a Deus pela vida de um filho quando em seu leito de morte.

Desta forma, devemos compreender que este mesmo Deus que detém o poder da criação concedeu à ciência o conhecimento do processo de geração de uma vida e os mecanismos para evitá-la. Este já é um estágio alcançado por nós. São inúmeros os métodos contraceptivos existentes em tempos atuais, fáceis de serem adquiridos e eficazes, com índices de falha que vão de menos de 0,1%, na pílula anticoncepcional, e a 3%, no preservativo, além de evitar a transmissão de doenças sexualmente transmissíveis.

Nos casos de aborto em gravidez decorrente de estupro, prevalece o livre-arbítrio da mulher, que neste caso não decidiu sozinha por gerar aquela vida e encontra-se em estado emocional e psicológico extremamente fragilizado: cabe a ela a decisão de permitir que esta vida se propague. No caso de espírito com maior lucidez espiritual, caberá a reflexão à luz da oração sobre por que foi acometida por este ato fatídico, já que temos a consciência de que nada acontece por acaso.

Nos casos normais, em que a relação sexual não foi forçada, o livre-arbítrio já operou decidindo pelo ato sexual sem prevenção contraceptiva. Logo, quando se diz que a mulher deve decidir pelo seu corpo, é preciso entender que o casal também decidiu pela realização do coito com a consequência da geração de uma vida que poderia resultar de uma gravidez indesejada. No momento em que se decide pelo aborto, a condição do pai e da mãe desta criança é de assassino perante as leis naturais que regem o universo, pois matar quem sequer pode se defender com o grito, com o corpo ou com a própria expressão do olhar é um crime bárbaro aos olhos da vida que pedimos para nós mesmos todos os dias.

O espírito abortado sofre sequelas traumáticas com o aborto e demora muitos e muitos anos para se recuperar e nascer de novo. Perdoar os seus genitores/assassinos é algo difícil para qualquer um. Imagine se, em vez de permitir que você nascesse, seus pais tivessem optado por ter lhe abortado? Você gostaria de ter sido abortado? E inúmeras pessoas que você ama: já pensou se elas tivessem sido abortadas? E tantas outras que fazem diferença para os avanços da humanidade, já pensou se elas fossem abortadas?

Para aqueles que já cometeram este ato e que se arrependeram, saibam que na vida sempre é possível o perdão seguido de reparação. Alimentar culpa e nada fazer não é o melhor remédio. Inicie seu processo de regeneração pedindo em prece que Deus e os espíritos celestiais o ajudem a conseguir o perdão deste espírito que seria seu filho, e peça que os mesmos o auxiliem em sua recuperação para um novo processo reencarnatório. Peça perdão por você mesma e rogue a Deus forças para regenerar-se. Em seguida, procure um Templo que tenha tratamento especializado neste assunto. Caso não encontre, aconselhe-se com uma Entidade de luz em qualquer Terreiro sério, que esta saberá como aliviar a sua dor.

O simples desabafo já é um grandioso elemento para início do processo de reparação, sobretudo porque muitos dos casos de aborto são feitos em segredo, deixando a mulher ainda mais ferida. Não são raros os processos de doenças e traumas que se desenvolvem após estes feitos. Quanto aos genitores que são pais de espíritos abortados, saibam que, mesmo não tendo tomado conhecimento do aborto, são responsabilizados igualmente, a menos que discordassem e que de alguma forma não tenham conseguido evitar tal tragédia. A responsabilidade pela prática sexual e suas consequências é dividida igualmente para o casal. Quem ama Orixá e cultua ancestralidade não pode ceifar uma vida que pode ser o retorno de alguém que às vezes já lhe conheceu em outra existência na condição de mãe, pai, avó, avô, irmão, amigo, companheiro etc.

Ao sermos contra o aborto, não se está dizendo que somos a favor da proliferação sem planejamento. Estamos dizendo que é absolutamente possível evitar aquilo que não se deseja, e mulheres e homens inteligentes dos tempos atuais sabem como fazer, basta querer.

Suicídio

Quanto ao suicídio, como já foi explicado, não somos os criadores de nossa própria vida. Por isso, é natural que não possamos eliminá-la. Problemas todos têm, mas a maturidade para lidar com eles deve ser buscada por cada indivíduo. Nestes casos, a presença de Deus faz toda a diferença na vida do ser humano.

Exu Tirirí uma vez me disse: "Moça, com fé tá difícil, sem fé a gente não sai do lugar..." Neste ensinamento fica a mensagem de que se não nos consideramos fortes o bastante para enfrentar nossos problemas sozinhos, devemos ter a humildade de buscar ajuda.

Dentro da visão reencarnacionista, é compreendido que a morte não representa o fim da vida, mas apenas o encerramento do corpo físico. Logo, de que adianta eliminar o corpo se o espírito sobreviverá e ainda será cobrado pela vida e pelo mau uso do seu livre-arbítrio? Neste caso, lembre-se: o desespero não é bom conselheiro. A religião pode ajudar muito, mas para isso é preciso que a humildade seja maior que o orgulho.

As notícias que temos do astral sobre o processo pós-morte dos suicidas não é das melhores. De acordo com estes relatos, o espírito desencarnado não consegue se desprender do corpo físico, por ter eliminado a sua existência terrena antes da hora. Então permanece por muito tempo ligado à matéria, mantendo quase integralmente a sua consciência e assistindo à decomposição do seu antigo corpo físico. Ele sente todas as sensações pertinentes à decomposição, em um processo doloroso, e silencioso clama por socorro até perceber que nenhum ser está acima das leis universais que regem o universo. De acordo com o psiquiatra e escritor Augusto Cury, no livro *Ansiedade: o mal do século*, a pessoa que pensa em suicídio quer é acabar com a sua dor e não a sua própria vida. Porém, sem saber como fazer isso, acaba perdendo o interesse em continuar vivo. Recomendamos a leitura deste autor e a consulta com um psiquiatra ou um neurologista, isso pode ajudar muito em casos de desânimo prolongado e depressões.

A vontade dos homens não está acima das leis naturais da vida. Atentar contra a sua própria existência, em um gesto egoísta, e não pensar naquele que fica e que terá que encarar, além da dor da morte, a incompreensão do suicídio, não poderá permitir portas abertas no alto. Imagine que todo ser humano em sofrimento busque o fim da sua vida como solução para seus problemas. Seria uma atitude coletiva de covardia. É preciso coragem para buscar força e resistir às provações terrenas, superando os obstáculos, mas antes de tudo é preciso atitude e humildade para encontrar as respostas daquilo que não compreendemos e ajuda para enfrentar o que sozinhos não conseguimos enfrentar. A Umbanda e toda religião pode ajudar. Basta que busquemos estes auxílios. Admitir que precisamos de ajuda é ato de coragem e de crescimento espiritual. Não se envergonhe de pedir ajuda nunca.

Existem também os casos de suicídios indiretos, nos quais pessoas infelizes com o curso da sua própria vida encontram formas de sabotar sua própria saúde, na esperança que a vida termine mais rápido. Buscam propositalmente, às vezes no plano consciente, outras no inconsciente, formas de destruir o corpo. Comem tudo que lhes é proibido pelas recomendações médicas, ou não comem nada, dormem pouco, bebem muito, se drogam, se arriscam no volante, provocam brigas em casa e na rua, se aventuram na boemia, relaxam com a higiene do corpo e buscam isolamento total. Estes comportamentos, na maioria das vezes, denunciam atitudes de pessoas que procuram antecipar sua desencarnação por causa do desânimo intenso. É preciso reverter estes quadros oferecendo ajuda e dando incentivos, como sugerir atividades físicas para vencer o sedentarismo, a ociosidade e a ansiedade, sugerir a frequência a Templos religiosos, seja de Umbanda ou de qualquer outra tradição religiosa, oferecer livros de conteúdos edificantes, ouvir saudáveis programas de rádio e assistir a bons programas televisivos, ouvir boa música, ir a matas, cachoeiras e praias, tomar banho de sol e de lua a fim de absorver o magnetismo dos mesmos, pois o contato com a natureza ativa energias revitalizantes no indivíduo.

Eutanásia

A eutanásia[5] dá ao ser humano a presunção de ser Deus por breves momentos, decidindo em segundos o que pode lhe

---

[5] Eutanásia – é a prática na qual um especialista abrevia a vida de um paciente, dito incurável pela ciência, de maneira controlada, como, por exemplo, desligando aparelhos de ventilação mecânica, marca-passos cardíacos ou bombas de medicamentos específicos.

custar uma vida toda de dúvidas, cobranças e arrependimentos. Não são poucos os casos de sobrevivência de pessoas que se encontravam em estado vegetativo e que se recuperaram. O que é impossível aos homens é possível para Deus. Somente ele sabe o merecimento e o resgate de cada um; portanto, cabe a ele a decisão final. Às vezes aquele ser aparentemente moribundo está fazendo um esforço gigantesco para sobreviver, e alguém sem reflexão decide por ele que deve morrer. E se fosse você? Desejaria que alguém ignorasse o seu esforço em sobreviver?

Se há sopro de vida, é porque há vida, e todo religioso deve repeitá-la.

Vários são os relatos de pessoas em estado de coma profundo, acometidas de doenças crônicas, que retomam a consciência e relatam experiências de contatos com o mundo astral. Neles são esclarecidas sobre diversos aspectos, inclusive sobre o motivo que as levou àquela situação e por que precisaram "voltar" à vida terrena.

No Brasil, a eutanásia é uma prática ilegal. A Umbanda respeita as leis civis, pois estas são reguladoras da forma de organização social de cada país e estão de acordo com a evolução de cada povo. E nosso ponto de vista permanece o mesmo em relação aos países que não a proíbem.

Álcool e fumo

Quanto às bebidas alcoólicas, cigarros, charutos e cachimbos, a maioria dos Templos de Umbanda não se opõe ao seu uso. Isso não significa dizer que fazemos apologia do consumo destes elementos e que não conscientizamos os filhos da Casa e frequentadores quanto ao malefício do uso deles. Muitos

Terreiros proíbem e alguns exigem, dos filhos que entram na Casa, que não façam uso desses produtos. A recomendação geral é que se faça um esforço para interromper a frequência, mas entendemos o estágio de evolução de cada indivíduo. Ou seja, à medida que o ser vai se esclarecendo e se fortalecendo espiritualmente, vai ganhando ânimo para vencer o vício. Enquanto este tempo não chega, é pedido o maior esforço para o uso com moderação, pois todo excesso é ruim e prejudicial ao corpo e, consequentemente, ao exercício mediúnico.

Cabe aos filhos de fé não confundir o seu uso pessoal com o uso que muitas Entidades fazem destes elementos, salvo os casos, que infelizmente acontecem, do médium aproveitar-se do transe ou até mesmo fingi-lo para alimentar seu consumo pessoal. Isto, é claro, nas Casas que não têm doutrina ética e disciplina para coibir tais feitos.

Deve-se entender que os elementos álcool, fogo e fumaça são manipulados pelas Entidades durante seus trabalhos de limpeza e socorro espiritual. Não se pode radicalizar e considerar também que a Entidade e o médium que ainda fazem uso destes elementos sejam espíritos inferiores. O mundo espiritual abriga muitos reinos de diferentes gradientes espirituais e não cabe ao ser humano julgar aquilo cujo conhecimento ele não domina completamente. Se há caridade sendo feita, é serviço prestado para o bem, isso que é o mais importante.

É importante pontuar que muitas Entidades atuantes na Umbanda pertenceram a culturas indígenas, africanas, indiana, cigana, druida, wiccana, da alta magia, dentre tantas outras que sempre fizeram uso destes elementos em suas rpráticas itualísticas. Não se deve considerar essas Entidades como espíritos atrasados. Cada cultura/povo tem o seu grau de conhecimento de magia, pelo qual salvaram muitas vidas antes que a medicina, tal qual a conhecemos hoje, existisse. Portanto, não podemos condenar algo que às vezes está muita acima de nossa compreensão espiritual e do nosso conhecimento cultural e histórico.

Cabe a cada Dirigente saber a firmeza de cada Entidade que é falangeira[6] em seu Templo e o equilíbrio emocional e psicológico que cada médium tem, para autorizar o uso daqueles elementos ou não. Afinal, de que vale um médium que não ingere esses produtos, porém não tem a entrega e a boa vontade de um filho de fé que, apesar do seu vício, contribui de corpo e alma para a realização dos trabalhos do Terreiro? Certamente, nestes casos, o que irá reluzir primeiro para Deus, ante o socorro a ser prestado, é o fluido da boa vontade antes da fraqueza do uso do vicio. Cada um luta com a arma que tem, e todos são filhos de Deus. Na hora de ajudar ao próximo, todos são bem-vindos para integrar o exército da paz de nosso Pai Oxalá, e este com certeza não descrimina ninguém. Afinal, o coração que abriga o preconceito não abriga a presença de Deus!

Drogas

Quanto ao uso de alucinógenos, entorpecentes e todos os outros tipos de drogas mais letais, a Umbanda é contra, pois sabemos o quanto estes produtos servem de munição nas mãos dos inimigos espirituais dos seus usuários. O nosso serviço é contra o uso e a favor da recuperação não somente do usuário, mas de toda a família, que sofre demais com

---

[6] Falangeiros – Entidades que trabalham em determinada falange ou linha de atuação.

esta situação e por isso adoece emocionalmente junto com o usuário. Por isso, também deve procurar ajuda médica e religiosa junto com o dependente.

Quanto maior e mais profundo o efeito da droga na mente do usuário, mais intensamente ela é manipulada pelos espíritos obsessores.[7] Estes, como seus perseguidos, não querem despertar para a realidade da vida. Para isso necessitam manter-se o maior tempo possível desligados da consciência de si próprios, que aponta para uma mudança comportamental que vença a covardia e lhes devolva a coragem e o ânimo para enfrentar a vida.

É importante ressaltar que grande parte dos dependentes químicos são médiuns sem consciência da sua força e sensibilidade espiritual. Muitos passam anos e anos aceitando sugestões (ouvindo vozes e comandos mentais) de espíritos sem luz que, mesmo mortos, não querem deixar o vício. Estes estagnam na crosta terrestre, por não aceitarem o seu natural processo evolutivo, e escolhem médiuns inconscientes e que já tenham históricos de uso de drogas em existências anteriores, para, através do fenômeno da obsessão, sobretudo na pré-adolescência, continuarem saciando seus instintos.

A regeneração é absolutamente possível para o usuário, sobretudo quando auxiliado pela lucidez religiosa, pelo apoio familiar, pelo amor abnegado de uma pessoa ou de grupos especializados neste tipo de auxílio. Se existe alguém

---

[7] O uso de alucinógenos torna os laços que ligam o sistema nervoso físico com o perispírito mais frágeis. Esse enfraquecimento facilita a ação dos irmãos desencarnados, tornando os usuários mais suscetíveis ainda à sua influência. Essa ação tanto intenta levar o obsidiado à depressão e à loucura quanto aumentar ainda mais a sua dependência e consequente autodestruição pelo consumo das drogas.

assim em seu caminho, não desista antes de tentar ajudar de alguma forma, ainda que seja uma simples, mas sincera e intensa oração.

Baladas e Carnaval

Quanto às folias carnavalescas, noitadas e baladas, é preciso respeitar o tempo de diversão e lazer de todos, sobretudo os jovens. Estes nem sempre são maioria nos Terreiros, talvez pela inflexibilidade de alguns Templos que querem igualar o comportamento de um médium de quarenta anos com o de um de vinte anos, sem refletir que seus momentos de vida são absolutamente diferentes.

A liberdade sem responsabilidade tem seu preço. O uso do limite para frear os possíveis excessos, que serão sempre prejudiciais ao indivíduo, à sua saúde, à sua vida pessoal e consequentemente à sua atividade mediúnica, deve ser sempre pontuado pela família e pelo Sacerdote religioso. Saber dizer não e encontrar o equilíbrio na diversão faz parte da vida, e ao mesmo tempo não se exceder faz parte da disciplina que todo religioso deve ter para preservar o seu próprio equilíbrio energético.

A perpetuidade de todo Terreiro é a Juventude. Um jovem médium pode demorar um pouco para se adaptar aos resguardos, abrir mão das festas, das bebidas alcoólicas, da carne e do sexo. Não é tão simples para todos igualmente. É importante a compreensão desse tempo necessário por parte do Dirigente e do corpo mediúnico do Templo. Muitas vezes o jovem que não permanece na Umbanda por dificuldade de adaptação poderia tornar-se um grande médium no futuro.

Sabemos que na adolescência e no início da fase adulta ainda prevalece grande parte dos impulsos instintivos do passado de outrora e há uma grande ansiedade pelo futuro. Na Casa do Perdão, o companheiro Sr. Exu Beira Estrada costuma dizer que podemos viver o mundo, mas não podemos deixar o mundo nos viver. A compreensão deste ensinamento é difícil sem a prática religiosa, pois é ela que ajuda a entender o limite de cada um sobre a necessidade de diversão e o limite energético para ser desgastado nesses ambientes.

Para se entender como esses espaços funcionam, é preciso entender qual é a emoção motivadora daqueles que vão para a famosa pista (balada, noitada). Se a pessoa sai de casa cansada da rotina e do estresse do dia a dia, precisando se distrair um pouco, e essa pessoa gosta de ritmo, festa, dança, paquera e de concentração de pessoas, ela chegará aos ambientes festivos portando uma energia de alegria, certa ansiedade pela paquera e leve euforia que durante a própria dança e emanação dos sons dançantes serão extravasados naturalmente pelo corpo. O Exu Seu Zé dos Malandros nos explica que a música e a dança têm um poder relaxante sobre todos nós, ela liberta emoções retidas em nossos corações e as músicas mais dançantes são capazes também de liberar energias acumuladas. Existem pessoas que, mesmo depois de uma semana intensa de trabalho ou de uma semana excessivamente ociosa não foram capazes de eliminar toda a adrenalina do corpo, pois só movimentam o corpo nesses momentos. Não estamos dizendo que esta é a única forma de extravasar o estresse: talvez, se praticássemos mais esportes, equilibraríamos melhor esse acúmulo de energia.

Porém, se a pessoa sai de casa irritada, superestressada, mal-humorada, com desejo de loucura, ausência de limites, com raiva da vida, ou simplesmente querendo usar os espaços de diversão como um canal para extravasar seus instintos e desafiar a vida, naturalmente a energia que essa pessoa estará levando para esses espaços estará carregada e poluída de más intenções. O ambiente pesará, o ar ficara denso, a atmosfera será de libertinagem, exageros e vazios.

Dito isto, cabe a cada um escolher os ambientes em que deseja estar. Os locais onde a maioria das pessoas emana os primeiros sentimentos serão naturalmente mais saudáveis para sua diversão. Já os locais onde se reúne o segundo grupo de pessoas serão obviamente os locais em que você provavelmente não encontrará diversão e, sim, confusão: são aqueles festejos que sempre terminam em briga ou algum dissabor. A escolha é sua, conforme o ditado popular "diga-me com quem andas que lhe direi quem és", ou o que diz a Bíblia nos Salmos (1:1-2): "Bem-aventurado o homem que não anda segundo o conselho dos ímpios, nem se detém no caminho dos pecadores, nem se assenta na roda dos escarnecedores. Antes tem o seu prazer na lei do Senhor, e na sua lei medita de dia e de noite."

Outro aspecto importante da diversão é pensar, enquanto religiosos que somos, que não será a nossa prática religiosa que acabará com as festas no mundo. Elas existem a despeito da nossa concordância. Então, por que não encarar de maneira lúcida a existência destes eventos? Elucidar os frequentadores dos Terreiros e ainda mais os médiuns iniciantes de maneira clara é a melhor contribuição que podemos lhes dar. Ser informado de que noites de sono perdidas, sexo desequilibrado, bebedeira e excessos trazem para a pessoa desgastes energéticos – que podem ser atenuados se forem vivenciados com moderação – despertará, com o tempo, uma mudança de comportamento.

A atividade mediúnica, quando estiver melhor desenvolvida, acionará um alerta mostrando ao médium em quais ambientes e com quais pessoas ele pode permanecer e quais ele deve evitar e/ou se afastar. Sabemos também que esses desejos são mais comuns na juventude e, com o passar do tempo, muitas pessoas buscam outras formas de diversão. Sabemos ainda que existem pessoas que, mais tarde de uma conversão religiosa, dizem não gostar mais de festas, passam algum tempo reprimindo esse gosto e depois, de forma desenfreada, retornam às festas de maneira alucinada, pois não passaram pelo processo natural de desapego. Temos também aqueles que descobrem a balada não tão jovens, mas depois de uma separação ou um inesperado despertar para a vida que traz consigo uma mudança de comportamento e então querem viver tudo loucamente e de uma só vez, às vezes pondo em risco tudo que conquistaram.

É sabido também que há aqueles que não gostam de forma alguma de festa ou aglomeração de pessoas. Esta é uma questão de gosto pessoal, de acordo com a consciência espiritual adquirida. O importante é encontrar outras formas de distração: a leitura, o conhecimento, praias, cachoeiras, montanhas, florestas, esportes, pescaria, mergulho, passeio de barco, cinema, teatro, programas humorísticos, show musicais, apresentações de dança, saraus, concertos, viagens e tantas outras atividades constituem-se em prazeres a serem vivenciados pelo ser humano.

Desejamos chamar a atenção para o grande número de pessoas que procuram os Terreiros de Umbanda sofrendo de solidão ou em quadros depressivos, porque não refletiram sobre a importância da diversão em suas vidas. Algumas somente deram importância ao trabalho, outras à família, outras à religião, desenvolvendo a longo prazo um estresse silencioso que se caracteriza por um desânimo. Normalmente as pessoas não têm coragem de falar disso, pelo fato de, perante a sociedade, suas vidas estarem bem-construídas. Então desenvolvem um comportamento hipócrita de felicidade, quando poderiam ter amenizado os aborrecimentos do dia a dia com um pouco de lazer.

Caboclo Ventania sempre nos lembra da importância da distração na vida de todo ser humano. Somente as almas muito evoluídas conseguem passar pela existência terrena sem buscar formas alternativas de alívio da rotina. O perigo da desatenção em cuidar de si próprio é fingir ser uma pessoa que não é. Tentar transparecer que não se importa com diversão desenvolve, a longo prazo, um comportamento introspectivo, além de gerar um bloqueio na mente, e estes podem ser combustíveis energéticos para a atração de obsessores dos mais drásticos, aqueles que se alimentam do falso moralismo.

É muito mais fácil combater a obsessão quando ela é evidente e muito mais difícil quando ela é camuflada nas personalidades samaritanas que tentam parecer mais evoluídas do que são na verdade. Muitas pessoas não saem de casa por se dizerem tímidas. Mas o que é a timidez senão uma imensa dificuldade em aceitar a avaliação que o outro faz de você mesmo? Poucas pessoas estão verdadeiramente amadurecidas para serem criticadas. O medo de não serem aceitas como são e ter que mudar impede muitas pessoas de ter sociabilidade, mas ninguém veio ao mundo para viver só, nem isolado. Isso traz tristeza, e tristeza acumulada por muito tempo gera desânimo, que alimenta processos obsessivos e de loucura.

Então, não é só quem está nas baladas que pode estar obsidiado. Às vezes, quem está em casa trancado está energeticamente mais fraco do que aqueles que buscam renovar constantemente as emoções. Vovó Joana D'Angola nos explica que as emoções geram sentimentos que produzem energias boas ou ruins, a partir dos impulsos emocionais de que foram geradas. Para saber em que sintonia você está vibrando, antes de atender a um impulso de ir para a rua e para as baladas, faça esta matemática interna tentando identificar estas sensações. A fórmula é esta:

EMOÇÕES + SENTIMENTOS = ENERGIA
Exemplos:
INSEGURANÇA + MEDO = ANGÚSTIA
Esta energia negativa trará a companhia de espíritos também negativos.
ÂNIMO + CORAGEM = OTIMISMO
Esta energia positiva lhe trará a companhia dos espíritos que vibram na luz.

Sexo

Sexo é o combustível da vida. A Umbanda deriva de dois povos que sempre trataram de forma simples, natural e respeitosa a sexualidade. Portanto, não se deve ter tabu para falar de sexo. Afinal, é através dele que todos chegam ao mundo. O sexo é uma necessidade fisiológica, assim como a alimentação, a urina, o sono etc., ou seja, faz parte das necessidades humanas. Existem espíritos que já alcançaram um nível de domínio destas necessidades, que daí passam a ter necessidades menores de realizarem sexo ou até mesmo a superam. Os devaneios do sexo normalmente são realizados por pessoas que tentar buscar nas aventuras sexuais o preenchimento do vazio que sentem por algum motivo e acham que realizando sexo de maneira aventureira vão suprimir a ausência de respostas que têm da vida.

Na contramão destes fatos existem aquelas pessoas que desenvolvem um comportamento, muitas vezes hipócrita, de abstinência sexual por diferentes motivos: timidez, baixa autoestima e falso moralismo religioso. Esse fato comumente leva a pessoa a um nível insuportável, para ela mesma, de estresse e irritação. Em outras pessoas, gera transtornos sexuais dos mais tristes que existem (tarados, pedófilos, maníacos), atraindo para junto delas companhias espirituais negativas que se alimentam desse tipo de sentimento de hipocrisia e excesso de libido.

A finalidade fisiológica primeira do sexo é a reprodução; da alimentação, é a sobrevivência; do sono, é o repouso; da urina, é expelir o líquido do corpo para fora. Porém, todas estas necessidades também geram prazer e, se não forem realizadas pelo organismo, isso causará algum tipo de transtorno, enfermidades psicológicas, físicas e emocionais de alta complexidade. O prazer gerado pelo sexo é algo para ser utilizado pelo espírito como uma atividade de nirvana[8] espiritual. Por isso deve-se escolher bem o parceiro ou a parceira, a fim de não misturar sua energia com qualquer pessoa.

As pessoas que ficam ou estão em momentos temporários da vida sem a realização de atividade sexual, pelos mais diferentes motivos, lembrem-se de que a energia sexual é potencialmente criadora, reprodutora, podendo ser usada

---

[8] Nirvana – definição budista para um estado de calmaria, paz e libertação atingido pelo espírito.

incrivelmente em outras direções da sua vida: no trabalho, no estudo e de tantas outras formas mais. Em vez de ficar lamentando a ausência de atividade sexual, procure dançar, ler, trabalhar, malhar. Enfim, ocupe sua mente para que o efeito da abstinência não lhe provoque mal-estar. Não alimente o falso moralismo, fingindo não perceber que isto lhe faz falta, mas ao mesmo tempo não se permita enlouquecer por essa ausência e equilibre suas energias e emoções, ame a você mesmo e ocupe seu tempo cuidando da sua saúde e do seu espírito. Canalize esta energia potencialmente criadora para outras áreas de produção e crie alguma coisa, seja inovador, doe-se para outras atividades, e assim a sua mente estará ocupada com pensamentos saudáveis, fortes e geradores de felicidade.

Não se permita ser escravo do sexo. Permita, sim, que ele seja um complemento da sua felicidade.

Homossexualidade

Quanto à questão da homossexualidade, alguns poucos Terreiros de Umbanda mais conservadores possuem uma postura resistente sobre este tema, mas a grande maioria das Casas tem uma visão aberta e respeitosa sobre o assunto. É respeitada a orientação sexual de cada indivíduo, como exercício do seu livre-arbítrio dado por Deus. Como certa vez Vovó Joana D'Angola nos ensinou, o que deve ser respeitado nestes casos é o direito à felicidade que todo filho de Deus tem.

Às mães e aos pais de filhos homossexuais, nossa mensagem é de tentar compreender pela condição do próprio filho, e não pelo preconceito construído coletivamente pela sociedade. Pense no que deixa você mais feliz: ver seu filho feliz ou infeliz? Eles já sofreram muito preconceito do mundo todo. A família deve evitar que eles sejam discriminados também dentro de casa.

Para os homossexuais, lembrem que ninguém gera um filho desejando que ele seja homossexual. É muito doloroso pensar nesta possibilidade porque, no fundo, pai e mãe sabem o que este indivíduo irá sofrer nas mãos da sociedade preconceituosa. Tenham paciência com seus pais e não forcem a aceitação. Permitam que o tempo anestesie as dores da notícia e que o amor volte a brotar.

Devemos lembrar, no entanto, aos espíritos que estão na condição de homossexuais nesta atual existência que não devem se furtar ao seus compromissos familiares, pois esta condição não lhes tira a responsabilidade de resgates com alguns espíritos que estão em seu caminho não somente na condição de cônjuge, mas por outras vias que a composição familiar moderna permite compor dentro de uma relação homoafetiva. Esta composição familiar também não deve ser criada para dar satisfação à sociedade, mas sim para garantir que a doação do amor não seja interrompida pelo peso do preconceito que se distancia de Deus.

A adoção não é o que resta aos que não têm filhos, e sim o que lhes honra. A capacidade de amar pessoas que precisam de amor é algo ainda raro em nossa sociedade. Claro que tudo deve ser feito dentro do seu tempo e da sua hora, sem forçar a barra, como às vezes é comum a todos os seres humanos, principalmente quando o problema é carência e preconceito. Deve-se observar também o cuidado com a formação psicológica a ser dada a essas crianças. Elas precisam saber dentro de casa que são filhos escolhidos dentro de uma relação homoafetiva. Esta verdade precisa ser dita e enfrentada pelos responsáveis, para que a criança desenvolva mecanismos psicológicos de defesa quando forem aviltadas pela sociedade.

Quanto ao assunto das cirurgias de mudança de sexo, creio que muitas Casas tenham opiniões mais resguardadas devido à polemica do tema. O que temos a dizer sobre elas é que se trata de uma intervenção cirúrgica extremamente invasiva e que altera a composição natural pela qual a sábia natureza criou a pessoa, o que não a impede de ter prazer e sentimento para com seres do sexo escolhido para se relacionar. Temêmos apenas que uma alteração tão intensa no corpo possa gerar consequências complexas, ainda não relatadas pelo plano espiritual, em virtude da modernidade deste feito, para as próximas vidas que se seguirão ao processo reencarnatório.

De toda forma, queremos deixar bem claro que nossa fala não é discriminatória, mas sim reflexiva. A cada um cabem as decisões sobre seus atos, e o nosso respeito continua o mesmo. Afinal de contas, Deus deu o livre-arbítrio de forma individual aos seres, certamente porque ele confia em cada um particularmente. E não cabe aos demais, por mais que sejamos formadores de opinião, enquanto Sacerdotes, intervir, mas, sim, orientar e respeitar.

Orixás

Fundamentos

Há sempre muita curiosidade sobre o que é Orixá. Os leigos e iniciantes desejam sempre saber quem é seu Orixá de cabeça. A origem da palavra Orixá é africana e quer dizer: ori = cabeça; xá = força. Ou seja, a força da sua cabeça, da sua vida, do seu destino.

A Umbanda é formada por diferentes visões culturais e religiosas. A tradição africana é muito forte, por representar ancestralidade do povo brasileiro. Nossas Pretas Velhas e nossos Pretos Velhos superaram a dor da escravidão louvando, cantando e invocando seus Orixás ancestrais, e por isso gerações de mulheres e homens negros afro-brasileiros permaneceram até aqui. Quando estavam no tronco, era rezando para Ogum, Iansã, Xangô e todos os demais Orixás que eles pediam forças para sobreviver à escravidão.

Eles conheceram as novas divindades católicas aqui no Brasil. Esse fato gerou o mítico sincretismo, pois os assentamentos (a firmeza) dos Orixás nas senzalas eram disfarçados como altares dos santos católicos para que o senhorio não os punisse por culto pagão.

Para melhor compreender este processo, é preciso se colocar no lugar daqueles que viveram aquele tempo. Imagine-se oprimido pelo poder da chibata e vivendo em condições desumanas de subsistência, higiene, moradia, alimentação e sem nenhuma remuneração. Como você lidaria com a opressão à sua fé, à sua cultura?

A sabedoria dos nossos mais velhos foi tão grande que buscaram conhecer as histórias dos santos católicos a quem os padres e proprietários de escravos lhes exigiam devoção. Assim, associaram suas histórias de mártires aos itans (lendas) africanos dos Orixás. Por exemplo, no Sudeste, associaram a história de São Jorge às lendas de Ogum, as de Nossa Senhora da Conceição a Oxum, as de São Sebastião às lendas de Oxóssi, as de Santa Bárbara às lendas de Iansã, as de São Lázaro a Omulu, São Benedito a Obaluaê, os doze apóstolos aos doze Obás de Xangô, Jesus Cristo a Oxalá e assim por diante. Lembremos sempre que o Brasil é um país de dimensões continentais, portanto, as diversidades regionais também prevaleceram neste processo. Por exemplo, na Bahia, as lendas de Ogum foram associadas a São Sebastião e Santo Antônio, e Nossa Senhora dos Navegantes a Iemanjá. Também há diferenças no Sul, no Norte e em outras regiões brasileiras.

É muito importante respeitar este processo, pois, além de não termos vivido esta realidade para defender nossa fé, não se pode esquecer que, sem esta fusão cultural e religiosa, não teríamos as "religiões brasileiras" tais como as conhecemos hoje, como a nossa querida Umbanda e o tradicional Candomblé.

Aos militantes mais resistentes ao termo "religiões brasileiras" em vez de matrizes africanas, devemos ressaltar que nossas raízes são, sim, orgulhosamente africanas, mas também são indígenas e multiculturais. Alias, é importante saber que a própria Mãe África, tão diversa, não conhece nossa Umbanda e nem o Candomblé tal como é sistematizado aqui, por um processo de diáspora[1] que, no caso do Brasil, durou quase quatrocentos anos. Muitos elementos se perderam. É claro que se encontra com muita força práticas ritualísticas ancestrais africanas em Terreiros de Candomblé tradicionais, mas poucos conseguiram manter a tradição.

É importante ressaltar que este registro não constitui uma crítica aos Candomblés menos tradicionais. Apenas considero que não se pode querer diminuir a própria expressão religiosa nacional, que é a Umbanda e o Candomblé com toda sua riqueza cultural e força espiritual. A beleza e a força dos Candomblés tradicionais é algo indiscutível. Além de muito bonitos, são núcleos de resistência e preservação da cultura negra afro-brasileira e foram importantíssimos para preservar o culto aos Orixás, fortalecer, alimentar e abrigar o povo negro perseguido, discriminado e tão incompreendido neste Brasil.

Raízes históricas

Na Umbanda, o culto aos Orixás é bem parcial em relação às tradições africanas. Cultuamos apenas nove dos mais de quatrocentos Orixás, Voduns, Nksis existentes na Nigéria, em Benim e em Angola que conseguiram chegar até o Brasil, através dos navios negreiros, e manter o seu culto vivo em terras brasileiras.

---

[1] Diáspora – (do grego "dispersão") significa o deslocamento (em geral com dispersão) de uma grande massa populacional.

Os traficantes de escravos tinham a cruel estratégia de separar os núcleos familiares e as tribos que eram traficados, para enfraquecê-los emocionalmente e lhes dificultar a fuga. Esta separação era feita na ilha, Goreia em Dakar, Senegal. Alí era o principal porto de tráfico negreiro da África, a chamada "Casa dos Escravos" (onde estive em 2009).

Para dificultar ainda mais, ao chegarem ao Brasil, os africanos eram deixados em regiões diferentes do país, evitando que, uma vez unidos, ficassem mais fortes e tentassem fugir. Esses homens e mulheres negros eram levados para as senzalas sem falar sequer a mesma língua. A estratégia era misturar ao máximo as etnias, e por isso foi muito difícil recriar suas práticas ritualísticas, culturais e religiosas em solo brasileiro.

Em muitos locais foram os indígenas, donos das terras brasileiras, que socorreram nossos ancestrais negros quando os mesmos precisavam invocar ou cultuar um Orixá, Vodum, ou simplesmente um ancestral, e não encontravam os elementos da sua terra para fazerem seus rituais de cura, oferendas, ebós, mandingas e mirongas para se fortalecer e enfrentar a escravidão. Na ausência de folhas, favas, ervas, frutos, animais, otás e elementos da sua magia africana, usavam aqueles equivalentes na fauna e na flora brasileiras. Foram os Pajés, Caciques, Erveiras e parteiras indígenas que lhes ensinaram os segredos das encantarias brasileiras que tinham efeito equivalente às folhas africanas.

Ambas as tradições são riquíssimas, mas nada se compara ao espírito de solidariedade que muitas tribos indígenas tiveram com nosso povo africano em seus momentos de dor e padecimento nas senzalas. Como sempre nos falaram Vovó Joana D'Angola e Caboclo Ventania, os indígenas e negros aprenderam muito uns com os outros (visitei aldeias indígenas em 2007 e foi muito rico ouvir seus relatos). Muitos quilombos foram construídos conjuntamente pelos povos indígena e africano. Eles davam os caminhos para encontrar um local apropriado para sua instalação e os instrumentos necessários para a construção e alimentação. Este é um pedaço da história que precisa ser revivida por nós, praticantes das genuínas religiões brasileiras. Os dois povos trocaram magias, feitiços, formas de lutas, estratégias de sobrevivência, culinária, amor, misturando seu sangue através da miscigenação para construir esta nação brasileira que tem muitas culturas, mas tem a sua principal matriz no povo originário indígena que, segundo os laudos antropológicos, se encontram nesta terra há mais de 48 mil anos. A Umbanda tem uma reinterpretação dos Orixás que se mescla com a visão indígena, dentre outras. Existem Templos que cultuam sete orixás e outros que cultuam mais do que os noves retratos aqui. Tudo isto é decorrente da multiculturalidade presente no Brasil.

Os Orixás na Umbanda

Feito o registro desta indispensável memória histórica e cultural, abordaremos agora a visão Umbandista sobre os Orixás. Entendemos os Orixás como forças da natureza que compõem o equilíbrio planetário. Oxóssi é a seiva das matas e o mentor dos caboclos. Iansã é o impulso dos ventos e tempestades, e rainha dos eguns (espíritos desencarnados). Obaluaê é o ventre da terra e o senhor da cura, aquele que preserva nossa saúde física e espiritual. Nanã é a força misteriosa e pouco acessível das profundezas das águas de lagoa, é o barro, o petróleo e único Orixá capaz de nos livrar da morte prematura. Oxum é a essência das águas doces, deusa do amor e da maternidade. Xangô é o fogo, as montanhas, Pai da Justiça, do trabalho e protetor da família. Ogum é o ferro, o aço, a tecnologia, é o senhor dos caminhos e o grande vencedor de demandas. Iemanjá é o grande mar, a grande mãe e responsável pelas transmutações energéticas. Oxalá é o sol (Tupã – em alguns casos a mitologia indígena se funde com a africana na Umbanda), o mais sábio, protetor, conselheiro, político e o grande responsável pelas decisões.

Contam as lendas que esses grandes reinos da natureza emanavam suas forças no início da vida no mundo antes mesmo da existência humana na Terra. Quando os primeiros povos africanos foram se constituindo, perceberam a dependência da sua sobrevivência em relação aos fenômenos da natureza, passando, assim, a invocar essas forças para harmonizar seus efeitos sobre suas vidas. Com o decorrer do tempo, algumas pessoas passam a cultuar mais umas forças da natureza do que outras e vão gradativamente se especializando no culto daquele campo de força. Vão, também, aos poucos, aumentando sua descendência e suas chances de sobrevivência no mundo. Esses grupos familiares iniciais tornam-se clãs, tribos, cidades, estados e reinos inteiros de culto a uma única força da natureza.

Os ascendentes começam a contar aos seus descendentes como seus genitores faziam para vencer as batalhas da vida pela sobrevivência. Nascem, então, os itans (lendas) e a rica mitologia Iorubá africana. Ou seja, aquilo que os primeiros ancestrais fizeram cultuando determinada força da natureza torna-se a figura humana dos Orixás como semideuses, forças em forma de mulher/homem que têm o poder de controlar a natureza e o destino humano. A forma como se relacionaram com sua família, com seu povo e seus amores gerou as lendas que conhecemos e formaram as famílias/clãs dos Orixás, como por exemplo família de Oxóssi, família de Oxum etc. Na Nigéria muitas dessas famílias/clãs têm o nome de seus Orixás de sua árvore ancestral registrado civilmente, por isso no Brasil convencionou-se chamar muitas mães e pais como fulana de Iansã, fulano de Obaluaê.

Esta forma fascinante de conceber a criação do mundo torna mais fácil compreender por que algumas pessoas já nascem sentindo que são ligadas a um núcleo de pessoas e a uma força, e por que, enquanto não se reconectam com ela, sentem-se fracas, buscam caminhos para reencontrar-se consigo próprias e com sua ancestralidade. Provavelmente é porque pertencem a uma dessas tribos ou reinos. Os descendentes de cada tribo trazem na sua composição física uma influência predominante do campo da natureza ao quais seus primeiros ancestres estão ligados.

Todos temos uma raiz ancestral que se conecta com as forças da natureza, desde que o mundo é mundo. Mesmo que, dentro da sua trajetória evolutiva, a pessoa tenha trilhado outros caminhos, em algum momento sentirá a lembrança inconsciente desses cultos e formas de se relacionar com o mundo e com a vida. Por isso, quando integra uma família espiritual dentro de um Terreiro, sente-se bem e em paz. Essa energia da natureza cultuada pelos seus antepassados normalmente é o que define o seu Orixá, a força da natureza que rege a sua cabeça. Por exemplo, se sua família ancestral cultuava Iemanjá, sua cabeça provavelmente será de Iemanjá, ou a terá como herança em seus caminhos.

No momento do transe do Orixá, o que se manifesta na cabeça do médium são esses primeiros ancestrais que cultuavam aquele Orixá. Não acreditamos que o próprio Orixá possa descer na pessoa, pois isto levaria à morte. Ninguém conseguiria receber, por exemplo, toda a força de uma cachoeira de mãe Oxum em sua cabeça: isso simplesmente causaria um efeito fulminante. Este exemplo é válido para todos os outros Orixás.

Quando a pessoa sente este chamado para cuidar da sua cabeça e para melhorar seu bem-estar, é importante saber qual o Templo/Terreiro e qual a tradição a que você deve se vincular: Umbanda ou Candomblé. Em ambos os casos, escolha um lugar sério e passe a conhecer mais a religião.

Na Umbanda, a melhor forma de cuidar da sua cabeça, ou seja, se fortalecer espiritualmente, é praticando a caridade espiritual através do exercício mediúnico bem-orientado e disciplinado. A prática das oferendas ocorre em alguns Templos de Umbanda e em outros, não; mas mesmo os que realizam estas práticas não substituem o exercício mediúnico por elas. É isso que ativará essa força ancestral que o médium traz, mas ainda não sabe usar em favor de si próprio e de toda a coletividade, como fazem as aldeias africanas e indígenas. Nelas predomina a sabedoria de que, para manter-se vivo e em equilíbrio, um deve cuidar do outro. É exatamente este costume tradicional que devemos resgatar, voltarmos a cuidar uns dos outros, e assim estaremos cuidando da nossa cabeça, partilhando a força que o Orixá nos dá. Esta é a maior caridade da nossa religião, cuidarmos uns dos outros.

Sugiro àqueles que gostam das lendas que as pesquisem em literaturas sérias. Existe muito material falando sobre lendas indígenas e africanas. Aqui preferimos cumprir o papel informativo a que o livro se destina: apresentar a Umbanda ao leigo e responder às perguntas mais frequentes dos médiuns iniciantes. Então, fizemos uma pequena síntese das principais características das energias Orixás e como elas agem, normalmente, na personalidade e se refletem na vida das pessoas.

A seguir, um pouco das características dos Orixás, de acordo com a herança que sobreviveu na Umbanda. Não se trata das lendas, que são lindíssimas, mas sim de como estas energias, que são Orixás, de acordo com o que foi explicado anteriormente, se manifestam junto à personalidade daqueles que os carregam por familiaridade ancestral.

Oxalá

Associado à criação do planeta e da espécie humana. É calmo, sereno, pacificador; é o criador e, portanto, respeitado por todos os Orixás e todas as nações.

Características
Simbolismo: Simboliza a paz, é o pai maior nas nações das religiões de tradição africana e foi designado por Olorum e Olodumaré para acompanhar e decidir por sua evolução.
Atuação: Detém o domínio da política, pois sua sabedoria é o alicerce de suas decisões. Acalma todas as cabeças.
Cor: Branco
Símbolo: cajados, pilão, bandeiras brancas
Animal: caramujos e pomba branca
Campo da natureza: Sol
Dia da semana: Domingo
Sincretismo: Jesus
Saudação: Êpa Babá!

Características dos seus filhos
Temperamento: Em geral são pessoas calmas, porém inquietas por dentro. Muito caladas e desconfiadas, têm muita

dificuldade de fazer uma verdadeira amizade. Gostam muito de comer e dormir, perdem muito tempo com isso. Ficam mal-humorados quando não conseguem ser atendidos no que desejam; afinal, detestam ser contrariados. São bastante orgulhosos e teimosos, profundamente fiéis e solícitos para com os que precisam de amparo. Gostam muito de ajudar o semelhante e normalmente sentem e se responsabilizam por todos que consideram merecedores do seu carinho, como se fossem seu Pai ou sua Mãe, adotando os problemas das pessoas como se fossem seus. Quando amigos, vão até o fim ao lado de seus pares. Gostam de ficar bastante tempo parados, quietos e em silêncio.

Relacionamento: Quando amam, dedicam-se profundamente ao ser amado. jogam tudo para o alto e pensam que esta é a sua última oportunidade de amar. Não admitem perder o ser amado em hipótese alguma. Isso os torna muito possessivos, ciumentos e inseguros, o que às vezes precipita o término da relação. São amantes vigorosos e extremamente atenciosos e carinhosos quando estão verdadeiramente apaixonados. Não gostam de trocar de relacionamento, preferindo às vezes morrer ao lado do companheiro(a) do que trocá-lo por um novo relacionamento instável. Detestam a solidão e a renovação, sendo este um dos seus maiores conflitos.

Iansã

Orixá de grande força, de guerra, de transmutação das energias impuras em sagradas e dona do magnetismo feminino. Possui fluidez verbal e de raciocínio. Orixá intimamente ligada aos avanços tecnológicos. Tem pleno domínio sobre o reino da morte, sendo invocado para limpar e purificar as pessoas e os ambientes.

Características
Simbolismo: Responsável pelas transformações, mutações e mudanças ligadas aos efeitos naturais, climáticos e materiais.
Atuação: Guerreira, sedutora, protetora e mensageira da vanguarda. Transita no mundo da morte e detém domínio sobre os eguns (espíritos que vagam no mundo dos mortos).
Cor: Coral e, em algumas casas, amarelo e vermelho
Símbolo: leque, espada, abebé, iruexim.
Animal: búfalo e borboleta.
Campo da natureza: Ventos, raios, chuvas e tempestades e fogo.
Dia da semana: Quarta-feira
Sincretismo: Santa Bárbara
Saudação: Eparrei Iansã!

Características dos seus filhos
Temperamento: Em geral são pessoas muito impulsivas, explosivas, implicantes e com mania de limpeza, mas são pessoas de atitude, coragem e determinação. Envolvem-se em brigas com muita facilidade. São muito atraentes e esbanjam sensualidade. De caráter íntegro, são super sinceros, até demais para o gosto de algumas pessoas, e por isso são considerados grosseiros. São extremamente protetores daqueles que consideram amigos, e têm mania de apadrinhar os injustiçados e carentes. Detestam injustiças e têm dificuldade de aceitar quando não são o centro das atenções. São traídos com muita facilidade, pois, quando gostam de alguém, se desarmam. São muito trabalhadores e nunca desistem com facilidade. Seu lema é a Vitória. Adoram dançar e se divertir. São muito debochados, autoritários e desconfiados.
Relacionamento: São extremamente intensos em suas paixões, mas amam e "desamam" com muita facilidade. Preci-

sam estar muito apaixonados para serem verdadeiramente fiéis. São cúmplices de seus parceiros e não os abandonam com facilidade. Costumam estar ao lado dos seus, mesmo quando todos estão contra eles. São extremamente amigos, sendo, portanto, pessoas com as quais se pode contar nos momentos de precisão. Tratam como reis (ou rainhas) aqueles que elegem como companheiros.

Oxóssi

Orixá da vitalidade, ligado a comunicação, prosperidade, fartura, força, velocidade e nutrição. Protetor dos animais e das florestas. Dono da beleza, extremamente vaidoso e perfeccionista.

Características

SIMBOLISMO: Intrinsecamente ligado ao elemento madeira e às folhas. É a força que rege o dinamismo, a renovação e a inteligência rápida.
ATUAÇÃO: É o "caçador" do Axé, da fartura e da prosperidade. Orixá regente dos Caboclos e Caboclas na linha de Umbanda.
COR: Verde
SIMBOLO: arco e flecha, ofá.
ANIMAL: coelhos, cavalos e lebres
CAMPO DA NATUREZA: florestas e matas
DIA DA SEMANA: Quinta-feira
SINCRETISMO: São Sebastião
SAUDAÇÃO: Okê Arô Oxóssi!

Características de seus filhos

TEMPERAMENTO: São pessoas muito ágeis, flexíveis e, pela sua sagacidade, se adaptam e compreendem tudo com muita rapidez. Aliás, detestam ter que esperar muito para compreender algo. Quando isto ocorre, normalmente se desinteressam, pois não têm paciência para esperar as conclusões dos outros. São muito inteligentes, porém às vezes sua maior força torna-se sua maior fraqueza, pois, por se saberem muito velozes, perspicazes e inteligentes, acham que compreendem o mundo com tanta facilidade que, com sua característica ansiedade, podem resolver tudo do seu jeito, perdendo a oportunidade de exercitar a paciência que lhes é muito necessária. Adoram fazer amigos e são muito festeiros. Demoram muito para reconhecer seus defeitos, são muito falantes e dispersivos. Possuem dificuldade de concluir as tarefas.

Relacionamento: Namoradeiros, gaiatos, demoram muito a estabelecer um relacionamento fixo, apesar de se apaixonarem com facilidade. Querem muito da vida e acham sempre que conseguem conciliar tudo com tudo. Por isso deixam de distribuir equilibradamente a sua atenção entre seu relacionamento e atividades pessoais. Só amam aqueles que consideram belos. Podem viver ao lado de alguém que não amam em profundidade por muito tempo, simplesmente por comodismo e por ser muito difícil aos seus companheiros penetrar verdadeiramente em seus sentimentos. São muito cobiçados, mesmo sem perceber, o que gera muito ciúme nos seus pares, que não compreendem por que chamam tanta atenção.

Nanã

É a mãe primeira de toda a humanidade, sua origem. Vem do barro e é considerada a avó ancestral. Discreta, rigorosa, exigente, silenciosa, austera e extremamente fiel. Tem o poder de livrar a todos da morte prematura.

Características
SIMBOLISMO: É um Orixá que não se revela e não se descobre com facilidade. É preciso mergulhar em seus mistérios para bem compreendê-la.

ATUAÇÃO: Senhora dos segredos, dos mistérios, do mundo oculto da magia e das esferas subterrâneas do planeta. Somente ela tem o poder de livrar da morte prematura.

CORES: lilás e roxo

SÍMBOLO: ibiri, palhas, horizonte.

ANIMAL: coruja e avestruz

CAMPO DA NATUREZA: lagoas, barro, fundo do oceano, chuva, nascentes e todas as esferas subterrâneas

DIA DA SEMANA: Segunda-feira

SINCRETISMO: Nossa Senhora de Santana, Santa Rita de Cássia e Santa Luzia

SAUDAÇÃO: Salubá Nanã!

Características dos seus filhos
TEMPERAMENTO: São pessoas caladas, desconfiadas e extremamente observadoras. Detestam sentir-se invadidas em sua privacidade e, por isso, não partilham sua intimidade facilmente. Fazem poucos amigos, mas quando o fazem é para a vida toda. São pessoas extremamente fiéis, verdadeiros baús em quem se pode confiar pela eternidade. Detestam traição e não conseguem perdoar facilmente. Gostam muito do silêncio e tendem a amar platonicamente, pois são muito tímidos e detestam ser rejeitados ou envergonhados. Normalmente parecem mais velhos do que são e não costumam ser muito simpáticos, apesar de serem superatenciosos, mas somente com quem acreditem que devam investir o seu tempo. São pessoas de muitas habilidades, inteligentes, de grande potencial e proativas, e por isso detestam

pessoas preguiçosas e de lento raciocínio. Normalmente são muito explorados, pois não sabem dizer não para quem lhes pede ajuda.

Relacionamento: Demoram muito a escolher seus pares e, quando escolhem, ficam a vida toda com ele, só para não ter que mudar e quebrar a rotina. Extremamente fiéis e amantes intensos, só partilham sua intimidade quando realmente se sentem seguros em sua relação. São caseiros e apreciam ficar com a família. Não são muito vaidosos e por isso, às vezes, esquecem-se um pouco de manter vivo o fogo da paixão. Demoram muito a se refazer entre um relacionamento e outro. Detestam perder e ter que recomeçar, têm mesmo muito medo do novo, e por isso preferem a rotina às mudanças imprevisíveis.

Obaluaê

Orixá de transformação energética e da cura através da utilização dos recursos da natureza. Médico da alma, é o único que cura todas as enfermidades e restaura a saúde aos doentes.

Características
Simbolismo: Seu reino é a terra, incluindo as raízes das árvores, as grutas e a calunga pequena (cemitério).
Atuação: Detém a transição para a vida astral. Senhor dos segredos da vida e da morte. Detém os segredos da cura e da restauração da saúde. É o Mestre das Almas, sendo muito invocado pelos Pretos Velhos nos trabalhos de cura.
Cores: Preto e branco
Símbolos: xaxará, palhas, cruz.
Animal: cachorro

Campo da natureza: Caverna, terra, calunga pequena
Dia da semana: Segunda-feira
Sincretismo: São Lázaro
Saudação: Atotô!

Características dos seus filhos

Temperamento: Seus filhos, se pudessem, viveriam escondidos atrás das palhas de seu pai. Adoram ficar quietinhos e em silêncio, detestam ser perturbados. São pessoas de coração muito grande, porém muito rancorosos e inflexíveis. Apaixonam-se facilmente e demoram muito a esquecer um amor. Desejam sempre ser absolutos e, por isso, são muito inseguros e ciumentos, quase possessivos. São de poucas amizades, muito observadores e cautelosos. Muito tímidos, detestam brincadeirinhas fora de hora e odeiam ser envergonhados. Não fazem questão de serem simpáticos.

Relacionamento: Como todo santo velho, também detestam o troca-troca de relacionamentos e sentimentos. Querem sempre viver ao lado da pessoa amada até o fim de suas vidas e, quando isto não ocorre, levam muito tempo para se recuperarem do baque, deixando até mesmo escapar muitas outras oportunidade de amar e ser feliz. São muito tímidos e pouco vaidosos, porém muito intensos e carinhosos em suas intimidades. Endeusam seus amantes, fazendo parecer que são as melhores pessoas do mundo e não possuem defeitos, atitude que os cega muita vezes e os impede de construir um relacionamento baseado na verdade, distante das ilusões que normalmente os perseguem.

Xangô

Orixá da justiça, do conhecimento, do trabalho e da família, rege a inteligência profunda e as habilidades políticas.

Características
Simbolismo: Senhor das Leis que regem o universo e os passos humanos.
Atuação: Protetor da família, do trabalho, do amor e da justiça, extremamente acolhedor e protetor, mas impiedoso quando frente aos injustos.
Cor: Marrom
Símbolo: machado, balança
Animal: leão e touro
Campo da natureza: Pedreiras, grandes cavernas, montanhas, fogo
Dia da semana: Quarta-feira
Sincretismo: São Jerônimo
Saudação: Kaô kabecilê Xangô!

Características dos seus filhos
Temperamento: Amam o trabalho e o dinheiro, não sabem viver sem os dois, ficam profundamente apáticos quando não os têm. Adoram ser o provedor da família e poder arcar com os seus custos para propiciar bem-estar e conforto. Apesar de serem pessoas com pouca paciência e, portanto, habitualmente grosseiras, têm um coração gigante e mole, adoram ajudar as pessoas e sempre compram a briga de qualquer um que considerem injustiçado. São muito vaidosos e festeiros, muito orgulhosos e teimosos, detestam ser criticados ou envergonhados. Autoritários, brigões e sinceros, demoram a admitir que estão errados e são extremamente possessivos.
Relacionamento: Namoradeiros e infiéis, somente quando amam muito conseguem se entregar totalmente em uma relação. Normalmente gostam de estar sempre diversifican-

do, seus olhos estão sempre atentos às novidades externas. São amantes intensos e também não sabem viver sem serem amados. Conseguem permanecer por toda uma vida em um casamento, mesmo sem amar, somente por se sentirem seguros e terem certeza de que ali são Reis (Rainhas) que mandam em tudo. Apesar disso, se refazem muito rapidamente quando saem de um amor e entram em outro sem o menor problema. Não gostam de perdoar nem de perder nada.

Oxum

Orixá do amor, da harmonia, da concórdia, da solidariedade, da fraternidade e da maternidade. Senhora das águas doces, dos rios e das cachoeiras.

Características
SIMBOLISMO: Dona da beleza, do charme, do encanto feminino e do ouro.
ATUAÇÃO: Protetora das crianças, da família, do amor e dos desamparados.
CORES: Amarelo, dourado e, em algumas casas, azul
SÍMBOLO: abebé, espelho, perfumes e rosas
ANIMAL: peixes de água doce e pássaros
CAMPO DA NATUREZA: Cachoeiras, rios
DIA DA SEMANA: Sábado
SINCRETISMO: Diversas Nossas Senhoras
SAUDAÇÃO: Oraieieu Oxum!

Características de seus filhos
TEMPERAMENTO: São pessoas muito vaidosas, dóceis, generosas, afáveis e solícitas. Adoram ajudar e contribuir para a melhoria do mundo. Seus filhos têm um grande lado ma-

ternal e, se pudessem, abraçariam a todos de uma só vez. Amam com facilidade, mas vivem se decepcionando. São pessoas muito trabalhadoras e de um senso estético muito apurado. Tudo que fazem é belo, e têm mania de perfeição. Como são muito carentes e inseguros, sentem inveja com muita facilidade, sentimento que os consome durante grande parte de suas vidas.

RELACIONAMENTO: Amam sem parar. Atravessam a vida inteira amando alguém só para não perderem o amor do seu coração, pois, quando isto ocorre, eles pensam que vão morrer. São traídos com facilidade e vivem acreditando demais. Perdoam facilmente e sempre acreditam na perfeição de seus pares. Demoram a encontrar a pessoa certa, mas, quando encontram, será esta pessoa que receberá o maior dos tesouros, pois os filhos de Oxum são extremamente fiéis, companheiros e jamais abandonam os seus, seja em qual situação for, e por isso são verdadeiros protetores da família.

Ogum

Orixá da atitude, da perseverança, do trabalho, das vitórias e dos caminhos abertos. Lutador, corajoso, audacioso, viril, extremamente capaz de se reerguer.

Características
SIMBOLISMO: Vencedor de demandas, traz a persistência, a tenacidade.
ATUAÇÃO: Protetor da agricultura e do trabalho.
COR: Vermelho
SÍMBOLO: espada, ferro e tecnologia
ANIMAL: cavalo, cachorro, javali

Campo da natureza: Estradas, matas e beira-mar
Dia da semana: Terça-feira
Sincretismo: São Jorge
Saudação: Patacori Ogunhêê!

Características dos seus filhos
Temperamento: Muito brigões e trabalhadores, não temem o inimigo tampouco o trabalho. Talvez por isso Ogum abençoe muito seus filhos, que jamais perdem a esperança em um amanhã melhor, empenhando-se sempre em fazer a sua parte para que tudo corra bem. São muito falantes, normalmente além do limite, e gostam de contar muitas histórias. são *bon-vivants* e festeiros que só eles! Gostam de ter tudo, mas não se apegam a nada. Se preciso, tiram do corpo e dividem com o amigo uma única camisa em um dia de frio. São extremamente solidários e generosos.

Relacionamento: São namoradeiros, infiéis, volúveis e matreiros. Apaixonam-se e desapaixonam-se muito rapidamente. São muito vaidosos e adoram uma disputa, seja de ego, paquera ou trabalho. Adoram conquistas e, por isso, se interessam muito facilmente pelo que é dos outros. Detestam ficar sós, por isso estão sempre fazendo festas para reunir seus grupos e ter com quem falar. Quando elegem seu amor, não admitem perdê-lo jamais. Por isso o tratam como rainhas (reis) e, quando enfim definem quem querem para o resto da vida, conseguem ser fiéis e profundamente carinhosos.

Iemanjá

Orixá dos mares, das águas salgadas. Provedora, mãe, fraterna, sedutora e de rara beleza.

Características

Simbolismo: Ligada à prata, ao ouro branco, às pérolas e aos encantos femininos. Dona de todas as cabeças.

Atuação: Tem o poder de transformar as energias negativas em forças positivas através das ondas do mar sagrado. Traduz a sua vibração em paz e harmonia. Regente das marés. Protetora da família, dos laços familiares, da maternidade, da gestação e da amizade.

Cores: azul, verde-água, prata e branco
Símbolos: espelhos, espadas, perfumes, abebês
Animal: peixes
Campo de natureza: praias, mares e oceanos
Dia da semana: Sábado
Sincretismo: Nossa Senhora da Glória
Saudação: Ô dociaba Iemanjá! Odoyá!

Características dos seus filhos

Temperamento: Seus filhos são pessoas volúveis e instáveis como as marés. Demoram muito a saber o que querem e gostam muito de ser o centro das atenções. É muito difícil decifrar o que sentem e pensam, pois não se abrem com facilidade. São extremamente inteligentes e belos. Uma vez amigos, serão sempre solidários, mas, se inimigos, poderão envenená-lo e você nem perceberá. Demoram muito a escolher sua profissão, mas, quando descobrem seus dons, normalmente são excelentes profissionais, pois se dedicam com afinco ao que fazem, mesmo tendo passado a maior parte da vida começando e não terminando as coisas. São pessoas que com frequência se deixam influenciar muito facilmente. Pessoas com muita a dificuldade de concentração e com tendência à depressão, por não saberem dominar suas emoções. Tendem a dramatizar seus problemas apenas para chamar atenção e tendem a ser invejosos. São donos da beleza.

Relacionamento: Não dividem nada nem ninguém, não admitem ser traídos de jeito nenhum e não perdoam traição jamais. Quase enlouquecem quando isto acontece e são capazes de matar com a sua cólera. São muito desejados e cobiçados. Sempre amam intensamente, chegando até a sufocar a pessoa amada. Às vezes ficam insatisfeitos dentro da relação sem motivo aparente, sem saber o porquê. Mudam muito facilmente de humor, e o parceiro é que enlouquece querendo compreender e agradar. Mas são muito bons de coração e fazem tudo para fazer os seus pares felizes, além de serem muito generosos e acolhedores. Muito solidários aos seus parceiros eleitos, seguem com eles até o final, enfrentando todo e qualquer desafio. Protegem todos que amam.

Entidades

São espíritos que estão, por diferentes motivos, na condição temporária de não encarnantes e, devido ao acúmulo de encarnações que tiveram, possuem força espiritual suficiente para ajudar a humanidade nas suas principais aflições. Existem cinco linhas mais popularmente conhecidas que se manifestam nos Templos de Umbanda. São elas: os Pretos Velhos e Pretas Velhas, os Caboclos e Caboclas, os Exus (incluindo Pombagiras, Malandros, Povo Cigano) e as Crianças (Ibejis). Existem também os encantados que vibram no norte, nordeste, centro oeste, sul e sudeste e possuem diferentes nomes tais como: juremeiros, daime, povo da floresta, povo do sertão, povo do mar, povo do cais, mineiros, campineiros, malandros e tantos outros que trazem suas peculiaridades culturais/ancestrais tradicionais e que variam em cada região do país.

Existem também Entidades que se manifestam na linha de Umbanda mas que não estão culturalmente ligadas às experiências destas Entidades já citadas. São espíritos que viveram na Terra em tempos não compreendidos pela cronologia atual, que pertenciam inclusive a povos já extintos e eventualmente emanam de outros espaços planetários. Possuem também profundo conhecimento da magia, e por isso são convocados a auxiliar na evolução planetária. Como cada Entidade manifesta em seus trabalhos gestos característicos das culturas a que está predominantemente ligada, não se pode criticar manifestações espontâneas que ocorrem nas giras onde alguns seres se manifestam de maneira diferente das demais. Não se deve padronizar a forma de trabalho dos falangeiros de Umbanda, os espíritos comumente chamados de Encantados.

Pretas Velhas e Pretos Velhos

Simbolismo: a sabedoria dos mais velhos, a espiritualidade elevada, a compaixão e a humildade. São conselheiros conhecidos como médicos dos aflitos.
Atuação: são conselheiros e curadores.
Cores: preto, branco e cinza.
Símbolos: cachimbo, bengala, rosário, cruz, figas.
Animal: não têm animais específicos.
Campo de natureza: jardins.
Dia da semana: sexta-feira.
Sincretismo: antigos escravos.
Saudação: Adorei as almas!

São nossos ancestrais africanos e/ou brasileiros que viveram a escravidão no Brasil, e alguns raros casos de espíritos que viveram a escravidão do outro lado do Atlântico. Foram muitas vezes o ancião da senzala, aquele que aconselhava, acalmava a revolta pela imposição da escravidão. Eram as velhas parteiras, os cozinheiros, as ama de leite, curandeiros, rezadeiros, mandigueiros e as primeiras Mães e Pais de santo muito respeitados pela sua força, resistência e sabedoria, que faziam os serviços mais próximos aos senhores da casa-grande. Também eram os que guardavam os segredos da cultura africana e, com isso, curavam as enfermidades e cultuavam os seus ancestrais Orixás, mantendo viva a religiosidade que hoje no Brasil tem os nomes de Umbanda e Candomblé. Existem também Entidades que se manifestam como Pretos Velhos que foram, em vidas anteriores, sacerdotes, feiticeiros, magos, curandeiros, médicos tradicionais, parteiras e tantas outras vivências em que acumularam domínio sobre os diferentes campos da magia. Agora retornam à condição de sábios ancestrais na forma de Entidades, para doarem seu conhecimento, sabedoria e poder de cura, auxiliando na evolução planetária.

Caboclos e Caboclas

SIMBOLISMO: são ligados às energias vitais da natureza, como fluido das matas.
ATUAÇÃO: limpam ambientes, descarregam energias nocivas, protegem e curam.
CORES: geralmente são verde, vermelho e branco, mas podem sofrer variações a depender da etnia indígena a que estes ancestrais pertenciam.
SÍMBOLOS: arco e flecha e ferramentas indígenas, de boiadeiros, campineiros e marinheiros.
ANIMAL: todos os animais silvestres.
CAMPO DE NATUREZA: todas as matas, cerrados, campinas e campos abertos.

Dia da semana: todos os dias, exceto sexta-feira e segunda-feira.

Sincretismo: todos os indígenas de todas as Américas e os mestiços brasileiros e afro-ameríndios.

Saudação: Okê Caboclo, Jetruá orumbaxeto Boiadeiro, Salve Marinheiro, Salve povo do mar!

Os chamados Caboclos dividem-se em duas linhas, de uma maneira geral: os de pena e os de folha.

Os Caboclos de Pena são nossos ancestrais donos da terra, indígenas das diferentes tribos existentes neste imenso Brasil. Em alguns Terreiros manifestam-se também Entidades originárias das Américas Central, do Sul e do Norte.

Os Caboclos de Folha também são chamados de Boiadeiros, Capangueiros, Carreteiros, Cancioneiros, Campeiros, Pescadores, Marinheiros, Estivadores, Pampas, Capoeiras. Estes já são um povo mestiço brasileiro que viveu no sertão, nas campinas, nas matas, na beira dos rios, nos pantanais, na Amazônia. São na verdade o primeiro povo a entender-se brasileiro, pós-colonização. Esta identidade nacionalista fez com que muitas dessas Entidades, quando encarnadas, participassem de levantes, guerras, revoluções e movimentos separatistas e de independência, isto é, de ações em defesa desta liberdade e desta identidade brasileira. Por isso gostam de saudar muito a nação brasileira e normalmente carregam a bandeira do país consigo e nos seus trabalhos.

Ambos, quando encarnados, foram muito ligados ao espírito de luta, de guerra, de força e de resistência. A depender da região do país em que se manifestam, trazem a pertença cultural desta localidade. Por exemplo, no Norte temos a figura de Dona Mariana. No Sul, os Carreteiros. Em Minas Gerais, os Mineiros. No Nordeste, os Marinheiros. Nos sertões, os Boiadeiros. E em todo o Brasil, os Indígenas.

Crianças

SIMBOLISMO: são responsáveis por alegria, esperança, energia infantil, pureza, luz.
ATUAÇÃO: protegem como anjos da guarda, especialmente as crianças.
CORES: geralmente rosa e azul.
SÍMBOLOS: brinquedos, bonecas, imagem de Cosme e Damião.
ANIMAL: passarinhos.
CAMPO DE NATUREZA: todos, em especial praias, cachoeiras, matas, jardins, praças e bosques.
DIA DA SEMANA: todos os dias, exceto sexta-feira e segunda-feira.
SINCRETISMO: Cosme e Damião e Ibeji.
SAUDAÇÃO: Salve a Beijada, Ori Beijada!

Temos também as Crianças, que são espíritos desencarnados em ainda idade infantil. São comumente chamados de Beijada, até os sete anos, e Erês e Exus mirins (que vibram nas duas faixas, infantil e de exus) de oito a dezessete anos. As Beijadas (mais comuns na Umbanda – crianças que viveram até os sete anos) comem doces, e os erês (mais comuns no Candomblé – crianças maiores que viveram até os dezessete anos) comem comidas dos orixás como acaçá, mel, garapa, caruru etc.

São responsáveis por trazer a alegria e a esperança, e são Entidades muito potentes, pois transitam em diferentes reinos astrais, fato que lhes dá o poder de desfazer feitiços, magias e mandingas com muita facilidade. Apesar de terem morrido crianças, são conhecedores da alta magia, e por isso fazem encantos de maneira muito simples.

São na verdade pequenos feiticeiros, aprendizes no plano astral da grande magia. Por isso são temperamentais, irreverentes e auxiliam quem realmente querem. Priorizam sempre aqueles que gostam e cuidam bem das crianças que têm em casa ou em seu caminho. Mesmo que o consulente não perceba isto, eles estão sempre avaliando se merecemos a sua ajuda por este critério.

Exus e Pombagiras

SIMBOLISMO: a roda do mundo, os caminhos da vida (ter um emprego, ganhar o sustento, enfrentar perigos, manter a alegria da vida), a sexualidade e a magia.
ATUAÇÃO: fazem e anulam encantamentos, abrem os caminhos, dão segurança e prosperidade.
CORES: no geral, vermelho e preto, mais muitas casas utilizam outras cores variadas como roxo, amarelo, azul-turquesa, verde etc.
SÍMBOLOS: tridente, capas, cartolas. taças, rosas.
ANIMAL: galos, cobras, corujas, sapos, gatos e pássaros noturnos.
CAMPO DE NATUREZA: ruas, encruzilhadas, cemitérios.
DIA DA SEMANA: sexta-feira.
SINCRETISMO: Santo Antônio de Pemba, Exu e Omolu.
SAUDAÇÃO: Laroê Exú e Laroê Lebará!

Temos também os famosos e incompreendidos Exus e Pombagiras. Estes são espíritos que, antes de se tornarem Entidades, viveram experiências mundanas muito ligadas aos instintos humanos, como o poder, a riqueza, a beleza, a luxúria, a boemia, a excessiva sexualidade e sensualidade, o abuso do álcool e do fumo, e por isso fracassaram em inúmeras vidas.

Este acúmulo de naufrágios permitiu que esses espíritos conhecessem os impulsos dos instintos e suas drásticas consequências na vida humana. Peregrinaram por longos anos entre as trevas e a linha do meio (linha da Terra que separa as esferas inferiores das superiores), ou seja, adquiriam novas oportunidades de encarnar e, quando de retorno ao meio, naufragavam novamente nas aventuras do instinto, o que os levava quase sempre à morte prematura e ao retorno para baixo novamente.

Nestes processos de idas e vindas, é inevitável atingir o cansaço. Iniciam então, o processo de reflexão e autopercepção das condições que os levaram a estagnar no processo evolutivo, em virtude de viverem tantas ilusões com desculpas de que queriam encontrar a felicidade. Uma vez vencidas estas fraquezas iniciais, clamam por Deus e aprumam-se para olhar o horizonte da vida. São então, amparados por espíritos superiores (normalmente grandes magos brancos chefes de falange na linha de Umbanda) que os acolhem, cuidam deles, ensinando-lhes sobre as Leis Naturais que regem o Universo, ensinam-lhes certos domínios da magia e os preparam para voltar à Terra sob uma nova condição: não mais a de encarnante dominado puramente pelas forças instintivas, mas a Entidade forte que agora detém o domínio dos seus instintos, aliado ao conhecimento da vida, operantes da magia, e tornando-se, neste processo de acolhimento, um Exu/Pombagira de luz passando a integrar o exército da paz de Pai Oxalá para auxiliar na evolução planetária.

A forma como se tornam Entidades mostra a linha hierárquica em que eles se posicionam para trabalhar. Os grandes Magos que os acolhem são espíritos com grande número de reencarnações, sendo alguns de origem anterior à existência da espécie humana tal qual a conhecemos hoje. Esses grandes Magos detêm profundos conhecimentos e são organizados na linha de Umbanda como chefes de falange que comandarão um Terreiro. Ao se tornarem chefes, são batizados na linha de Umbanda e recebem outros nomes que definirá seu campo de atuação, como: Seu Tranca-Rua, Maria Mulambo, Exu Caveira, Maria Padilha, Sete Catacumbas, Rosa Caveira, Exu Marabô, Pombagira Cigana, Tiriri, Dama da Noite, Exu Veludo, Pombagira Sete Encruzilhadas, Exu Mangueira, Pombagira Figueira, Exu Labareda, D. Tatá Caveira, Exu Tronqueira, D. Sete Facadas, Zé Pelintra, D. Sete Saias, Exu Lalu, Seu Sete da Lira, D. Rainha, Cigano do Oriente, Pombagira Menina, Seu Vira Mundo, etc.

Uma grande dúvida que permeia a cabeça dos leigos e iniciantes é: por que existem tantas Entidades com o mesmo nome?

É comum perguntarem, por exemplo, se D. Mulambo desce de uma só vez em todos os Terreiros. Explicamos que não. Primeiro, é preciso lembrar que há muita gente no mundo com o mesmo nome, muita Maria, muito José, muita Ana e muito João, e cada um é um ser diferente, tendo apenas em comum o mesmo nome. Segundo, como já explicamos, ao tornarem-se Exus e Pombagiras estas Entidades recebem um novo nome que define a falange à qual estão ligados e a linha de trabalho em que atuam na Lei de Umbanda, além de ser um escudo para neutralizar as energias dos inimigos de outras vidas que eles, por ventura, ainda possuem. Terceiro, é importantíssimo diferenciar as Entidades que trazem o mesmo nome, mas estão em níveis de força e evolução diferentes. Normalmente serão médiuns das Entidades chefes de falange aqueles que foram também preparados para exercer a função de Mãe ou Pai de Santo (Dirigente Espiritual) em sua prática mediúnica (ver o capítulo sobre Mediunidade). Esta diferenciação é mais importante para os médiuns iniciantes e para os frequentadores, pelo fato de ser muito comum ao médium vaidoso achar que a Entidade com que ele trabalha, por ter um desses nomes fortes e já conhecidos, é mais forte que as dos demais integrantes do Templo.

Este fato gera grandes complicações no desempenho da Entidade durante os trabalhos e do próprio médium. Este às vezes espera mais da Entidade do que ela pode fazer, esquecendo-se de uma intensa dose de humildade para lembrar que não são somente os médicos salvam vidas, mas também enfermeiros e auxiliares. Queremos dizer com isso que, se é Entidade, já traz luz, força e conhecimento que justificam sua presença; porém, não é concebível ao médiuns iniciantes desejar trabalhar somente com as Entidades mais fortes e evoluídas.

A vinculação de uma Entidade a um médium é sempre para ambos se ajudarem com o trabalho de socorro prestado através da atividade mediúnica exercida nos Templos de luz. O mínimo de conhecimento que a Entidade tenha já é muito para aqueles que com ela irão se consultar. Apenas um abraço do Exu, uma gargalhada da Pombagira, um jogo de palavras desses trabalhadores da Umbanda são suficientes para aliviar e transformar o coração dos aflitos que buscam nos Terreiros das religiões brasileiras um conforto para superar as dificuldades.

Quase sempre o que falta ao médium vaidoso é disposição para o trabalho. Ele deseja que sua atividade mediúnica seja uma explosão de elogios, mas não quer se dedicar com seriedade por quinze, vinte, trinta, quarenta anos de trabalho na seara da Umbanda para que então, junto com a Entidade, tenha força acumulada pelo tempo de trabalho prestado e se torne mais forte. Como diz o ponto de D. Figueira: "pra ser Rainha não é só sentar no trono, pra ser Rainha é preciso saber governar..."

Trabalhar em silêncio é tão importante quanto trabalhar falando palavras vazias. E é exatamente este aspecto que o frequentador deve observar para sentir a seriedade da Entidade. É justamente pelo conteúdo das suas palavras que se verificará a sua força.

Quantas vezes uma pessoa passou uma gira inteira observando uma Entidade que trabalhou calada o tempo todo, ganhou dela apenas um olhar, um sorriso, um gesto, um cumprimento, mas retornou para casa mais leve e, no dia seguinte, encontrou a resposta que procurava? Às vezes, naquele silêncio, a Entidade estava trabalhando seu conhecimento "magístico" em seu favor, e o seu respeito ao silêncio dela permite que a mesma harmonize seu campo magnético para que você encontre o equilíbrio para a conquista de um acontecimento desejado.

Em muitas tradições religiosas antigas, a dança, a fumaça, os cânticos, os símbolos mágicos desenhados com os dedos, os gestos corporais, a troca de olhares, o fluido dos líquidos e tantas outras formas de magnetização eram usados para higiene, cura, fortalecimento e proteção espiritual do povo. Para aqueles que gostam e acreditam em magia, as giras de Umbanda são espaços sagrados onde ela acontece. É preciso apenas observar, sentir e respeitar.

Inevitavelmente precisamos esclarecer sobre os espíritos e médiuns sem luz que usam o nome de Exu para fazer mal às pessoas. Essas criaturas valem-se do mesmo caso que explicamos acima, ou seja, usam os mesmos nomes das Entidades de luz para espalharem o veneno do mal. Infelizmente, ninguém tem o poder de impedir que uma pessoa com o seu mesmo nome seja uma criatura maléfica e, no caso das Entidades de Umbanda, não é diferente. Porém, cabe a cuidadosa observação e percepção sobre a atuação destas Entidades que atuam na linha do mal.

Primeiro é preciso lembrar que a escolha em ser do bem ou do mal é de cada ser. Depois, é preciso pensar que são as pessoas que procuram estas Entidades sem luz. Normalmente são pessoas que querem ter seus desejos atendidos a qualquer preço. São tão maléficas quanto as Entidades que os atendem com a ilusão de lhes realizar os desejos em curto prazo. O que ocorre várias vezes é que, depois de perceberem que não conseguem manipular a vontade de Deus, ou seja, as Leis naturais que regem o Universo, arrependem-se ou, em alguns casos, sofrem demais com as consequências negativas de suas magias. Então se colocam em posição de vítimas e procuram outros Terreiros, dramatizando o ocorrido anterior, ou as "igrejas evangélicas modernas", falando mal daquilo que eles chamam de religiões brasileiras (Umbanda e Candomblé), mas que nós, praticantes das verdadeiras religiões brasileiras, sabemos que nada tem a ver com o exercício de nossa fé.

Todos que adquirem conhecimento têm livre escolha para decidir como vão usá-lo, e na magia não é diferente. Só é possível doar aquilo que temos. Portanto, para ser Entidade, é preciso domínio sobre seu íntimo e lucidez espiritual quanto ao processo de atuação das Leis naturais que regem o Universo sobre a vida dos seres humanos, como a lei de ação e reação.

Para melhor entendimento, é fundamental a vivência nos Terreiros. Somente esta prática permitirá compreender o que é um Exu de verdade.

Povo Cigano

SIMBOLISMO: os valores ciganos, como formar, proteger e manter a família, e ganhar o sustento; prosperidade.
ATUAÇÃO: preveem o futuro e fazem todos os tipos de magias de cura, amor, prosperidade etc.
CORES: todas as cores vibrantes e claras.
SÍMBOLOS: estrela de seis pontas, roda de carroça, leme, ferradura, punhais, lenços e rosas.
ANIMAL: não têm animais específicos.
CAMPO DE NATUREZA: jardins, estradas, campos, acampamentos.
DIA DA SEMANA: domingo.
SINCRETISMO: ciganos de todo o mundo e Santa Sara Kali.
SAUDAÇÃO: Arriba, povo cigano!

A quinta falange a ser encontrada mais comumente na Umbanda é o Povo Cigano, que, muitas vezes, integra as falanges de Exus e Pombagiras, mas que na verdade vibra com energias diferentes. Estes espíritos foram ciganos quando viveram na Terra ou tornaram-se ciganos por simpatia e fusões culturais.

Como é sabido, o povo cigano foi também historicamente perseguido e, por se tratar de um povo nômade, peregrinou por diferentes regiões do planeta. Este fato desenvolveu nos ciganos uma forte valorização da terra/moradia e do acúmulo de bens para enfrentamento das necessidades básicas. É um povo extremamente sábio e mágico. Esses espíritos evocam as forças cósmicas em seus rituais e são poderosíssimos para auxiliar na conquista de moradia e para ensinar os segredos da prosperidade.

Mediunidade

A mediunidade é um dom divino que Deus concedeu à humanidade para servir de auxílio em seu desenvolvimento geral. Mediunidade é a capacidade que um indivíduo tem de sentir, perceber e se comunicar com o mundo espiritual de uma forma mais espontânea do que outros. Esta capacidade é, na verdade, um acumulo de sensibilidade extrassensorial e está, normalmente, em estado latente nas pessoas, sendo aflorada em diferentes momentos de suas vidas. A maior parte da humanidade é médium. Porém, muitos não se percebem desta forma ou não nomeiam as suas sensibilidades com este nome.

A mediunidade pode desabrochar de várias formas como, por exemplo, através de doenças físicas, psicológicas e emocionais, através do sofrimento, do acúmulo de acontecimentos negativos, pela ansiedade, angústia, melancolia e depressão. Tudo isso acontece porque os médiuns são portadores de um excedente de energia que tem a finalidade natural de ser usada, de forma mediúnica, no auxílio ao próximo. Quando isto não acontece, este excesso fica ainda mais abundante, porém ocioso. Funciona como uma energia parasitária e bloqueadora, que se deposita em diferentes partes do corpo de seus transportadores, como estômago, garganta e juntas, sendo mais comum na cabeça e na nuca. Por isso ocorrem o adoecimento e as dores destes órgãos que são acumuladores de energia quando há falta de atividade mediúnica. Além disso, este acúmulo, por ser uma energia oriunda da estagnação, atrai de forma corrente larvas astrais e energias negativas que sintonizam na mesma frequência vibratória, o que gera o aumento da densidade do ambiente astral da pessoa. Daí a frequente sensação de peso, mal estar, insônia e de acordar e continuar cansado.

Alguns médiuns mais conhecidos, que passaram pela humanidade exercitando a mediunidade como uma capacidade divina de se comunicar com Deus, foram: Jesus Cristo, Buda, Ghandi, Papa João Paulo II, Madre Tereza de Calcutá, Tereza D'Ávila, Joana D'Arc, Francisco de Assis, Martin Luther King, Padre Cícero, Mãe Menininha do Gantois, Alan Kardec, Zélio de Moraes, Chico Xavier e Mandela. Temos ainda os nossos contemporâneos, como Dalai Lama, Divaldo Pereira Franco, Raul Teixeira, Pai Pedro Miranda e Yiá Beata D'Yemonja.

Todos esses espíritos vieram com uma capacidade de arrastar multidões com seus exemplos e sua força de vida. São humanos como todos nós. Porém são almas grandiosas que, apesar de terem em comum uma vida de dor, sofrimento, incompreensão e perseguição, foram e são incansáveis em suas lutas, honrando os legados que Deus lhes deu como missão. Sobre o meio em que cada um deles veio trabalhar, podemos perceber que estão na Umbanda, no Budismo, Catolicismo, Espiritismo, Candomblé, Hinduísmo, Protestantismo e até nos meios políticos pacificadores.

Estas almas gigantescas estão nos níveis mais elevados dentre os espíritos encarnados na Terra. Por isso, guardando as devidas proporções de alcance, esses mensageiros da Paz concentram uma capacidade inata de atrair grande número de pessoas, tornando-se, desta forma, lideranças espontâneas nos segmentos em que atuam. Isto ocorre porque a engenharia divina, em sua profunda sabedoria, envia indivíduos para diferentes grupos étnicos e culturais como meio de servirem de referência para as pessoas que se encontram em provações de dor e sofrimento e cruzam, de maneira direta ou indireta, seu caminho, sendo alicerçado por força e exemplo desses guerreiros da paz.

Ao olharmos para estes seres, sentimos magicamente uma paz e, sem perceber, somos tocados pela sua luz. É por isso que, de forma inconsciente, desejamos estar perto deles, somos magicamente atraídos. Tudo o que eles fazem, dizem ou escrevem serve para nós como combustível de força e ânimo para enfrentarmos a nossa luta diária. Características típicas dos espíritos que estão acima do nível 27. Essas almas gigantes estão nesse nível de luz, dentro da visão reencarnacionista, porque têm o acúmulo de existências que lhes permite trabalhar estes valores de superação. Conheceram a dor e a regeneração. Por isso, nesta existência, chegam ao mundo com vidas sofridas, nem sempre com muitas oportunidades, mas com uma incrível capacidade de resiliência.[1] Tornam-se exemplos e referências não porque são santos, mas porque são seres humanos o tempo todo dando provas de superação na sua existência. Por isso a humanidade pode inspirar-se neles para entender que é possível ser feliz e construir um mundo mais humano. O que

---

[1] Resiliência – capacidade de lidar com problemas, superando os obstáculos, e resistir às dificuldades, sem perder o controle.

eles fazem é ter fé, doar-se, acolher e amar, sempre. Devemos sonhar com o dia em que seremos assim. Por isso devemos tê-los como exemplo e referência.

Formas de mediunidade

Na Umbanda, a incorporação é a forma de mediunidade mais utilizada e conhecida. Porém existem outras formas de mediunidade presentes nos Terreiros Umbandistas, mesmo que os médiuns às vezes nem se deem conta de que possuem outros mecanismos de comunicação com o astral além da incorporação.

Entre vários outros tipos de mediunidade, temos a psicofonia,[2] que é muito comum e mais presente nos Terreiros de Umbanda do que muitas pessoas possam perceber. Este fenômemo se dá pelo uso da fala do médium pelas Entidades comunicantes, sem estarem incorporadas plenamente sobre seu corpo perispiritual. Este canal de comunicação pode ser ativado através da intuição e do pensamento, ou das próprias cordas vocais.

Temos também, em proporções menores, a vidência, a mediunidade auditiva, olfativa, premonitiva, intuitiva, sonambúlica e as demais que utilizam os fluidos extraídos pelas mãos, como fazem os médiuns que dão passes, através da incorporação ou não, e os Ogãs, que extraem do couro dos atabaques os sons que auxiliam, há milhares de anos e em diferentes tradições culturais, como as africanas e indígenas, o transe mediúnico, as invocações das forças divinas da natureza e do uni-

---

[2] Psicofonia – é o tipo de mediunidade no qual há a comunicação oral do espírito através do médium, sem a incorporação propriamente dita.

verso astral. Os Ogãs também são portadores de mediunidade psicofônica, acionada durante os cânticos, e intuitiva, quando são sugestionados pelas Entidades a cantarem determinados pontos, que, quando entoados na frequência vibratória correta, criam um campo energético favorável à incorporação ou ao trabalho que esteja sendo feito naquele momento (descarrego, sacudimento, desobsessão, cura, amaci, fortalecimento de cabeça, batizado, casamento etc.) pela Entidade-chefe manifestada no Terreiro ou pela Dirigente de Culto.

A incorporação

A incorporação é o meio pelo qual a Entidade se manifesta para dirigir os trabalhos de Umbanda. Este fenômeno ocorre quando o espírito comunicante aproxima-se e acopla-se ao perispírito[3] do médium, passando a comandar, através deste fenômeno, parte do seu pensamento e da sua capacidade de fala, gestos e locomoção. Existem diferentes níveis de incorporação. Isto varia de acordo com o desenvolvimento (preparo) do médium para trabalhar junto à Entidade. Depende também do nível de elevação da Entidade e do tempo em que médium e Entidade trabalham juntos.

Incorporação e consciência

É importantíssimo dizer que a incorporação ocorre de forma consciente no médium. Raríssimos são os médiuns por-

---

[3] Perispírito é o envoltório semimaterial do espírito, dando-me forma, além de ser o responsável pela ligação entre o corpo físico e o espiritual. Esse envoltório não se extingue com a morte do físico e serve como intermediário entre o espírito comunicante e o corpo físico do médium, como veremos adiante.

tadores de mediunidade totalmente inconsciente. Isto ocorre principalmente porque não faria sentido algum um ente de luz vir, através do médium, transmitir ao consulente e/ou à assistência uma mensagem de ensinamento ou de socorro espiritual, utilizando-se do corpo do médium, e não dividir esta informação com o seu aparelho (médium). Seria antes de tudo um ato de egoísmo e de pouca inteligência do espírito comunicante. Como Deus permitiria que um espírito de luz se manifeste e não deixe o conhecimento que tem ao seu portador? A simbiose médium/Entidade ocorre com a consciência parcial e gradativa, de acordo com cada pessoa, havendo também muitos casos de médiuns que oscilam entre momentos de consciência e inconsciência durante o transe.

É lamentável que poucos Umbandistas falem disto abertamente e alimentem nos iniciantes a ideia de que com o tempo deixaram de ouvir e perceber a atuação dos espíritos que se manifestaram sobre eles. Esta frustração é uma das grandes responsáveis pelo afastamento dos médiuns dos Terreiros, pois o tempo passa, a inconsciência não chega e o senso ético dos mesmos fica incomodado com a situação. Neste processo de desconforto em relação à honestidade que deve ter para com o consulente, e com a ausência de explicação, acabam indo embora não somente do Terreiro, mas muitas vezes da própria religião. Se este assunto fosse tratado com transparência, os médiuns seriam ajudados a desenvolver o senso ético para aprender a trabalhar com este transe e não se sentirem fingindo, mas disciplinados – com o desenvolvimento e as orientações da Entidade-chefe do Terreiro e do Dirigente – a exercitar o silêncio do seu próprio eu para permitir a atuação plena dos Orixás e das Entidades.

Este exercício também permite trabalhar a insegurança do médium que, por conta disso, às vezes se reprime e não se entrega ao transe, atrapalhando, também, a manifestação da Entidade. Outro importantíssimo aspecto trabalhado com este assunto é a limitação dos charlatões e marmoteiros, que se aproveitam da ingenuidade do consulente para manifestarem sua vontade pessoal no momento da consulta e depois juram que não lembram nada do que foi dito durante a incorporação. Isto também coíbe aqueles médiuns que somente gostam de atender os amigos e familiares, pois, de uma maneira direta ou indireta, acabam sabendo da vida deles, e isto facilita na hora em que estão "teoricamente incorporados". Sobretudo aqueles que, equivocadamente, gostam de fazer atendimentos residenciais, onde a ausência da Entidade-chefe do Terreiro e de preparo devido do espaço abre brecha para muita liberdade no transe. Normalmente esses médiuns não querem se submeter à doutrina da Umbanda tradicional e dos Dirigentes firmes, que não admitem brincadeiras com a religião.

A consciência durante o processo de incorporação, quando tratada corretamente, traz ao médium uma profunda ética e responsabilidade com este fenômeno (sempre lembrar que é um dom que Deus concede). Através da incorporação, muitas vidas e famílias foram salvas, pois encontraram médiuns sérios, o que lhes possibilitou a manifestação dos espíritos iluminados que trabalham na seara Umbandista.

A força com que a Entidade se manifesta nas primeiras vezes, fazendo o corpo do médium tremer, dançar e às vezes se comportar e se expressar de forma intensa e estranha, ocorre para Entidade e Orixá provarem ao médium que estão ali – para que ele não duvide, pois quem, de espontânea vontade, conseguiria levar o corpo a *performances* incomuns ao próprio indivíduo? As Entidades mais quietas também provam ao médium, de diferentes formas, que estão presentes. Basta o médium se concentrar e pôr-se ao trabalho com dignidade.

A paz e a força transmitidas aos médiuns durante e depois do transe é algo confortante, harmonizador, tranquilizante e que traz profunda paz ao médium e à assistência. Ninguém pode fingir estes sentimentos, somente entes de luz podem transmitir ao médium e à assistência este bem-estar. O que o próprio coração sente ninguém pode duvidar. Ninguém pode obrigar ninguém a sentir paz, somente a conexão com uma força espiritual verdadeira é capaz de propiciar estes sentimentos e emoções.

A ética da incorporação

Outro cuidado que se deve ter é com as pessoas frustradas, recalcadas, psicológica e emocionalmente desequilibradas, que têm mediunidade de incorporação e que chegam aos Terreiros de Umbanda para fazerem das giras o seu palco de extravasamento e exibicionismo. Camuflados pela desculpa de que não têm consciência do que fazem no momento do transe, usam e abusam da ingenuidade da assistência e da falta de firmeza de alguns Dirigentes. Estas pessoas às vezes mais afastam do que agregam frequentadores para a Casa. É preciso muita cautela e punho forte do Dirigente para disciplinar estes irmãos, principalmente quando trazem vícios de Casas mais abertas que permitem todos os tipos de extravagância.

Um aspecto importante para auxiliar a manifestação plena das Entidades de luz é uma vestimenta especifica para elas, indispensável para ser usada dentro das sessões de Umbanda. Poderão ser as tradicionais roupas brancas em forma de jaleco, ou as saias rodadas para as mulheres e os trajes masculinos para os homens, desde que ambos sejam sóbrios, sem decotes e transparências, evitando todo e qualquer tipo de exposição do corpo do médium. Isto se faz necessário porque, durante a manifestação da Entidade, a roupa usada é magnetizada por ela, e por isso não pode ser usada no dia a dia do médium. Esta roupa, ao longo do tempo, traz a própria energia das Entidades.

Em nenhuma Casa de Umbanda séria e tradicional os tecidos e as roupas caras serão condições para Entidades trabalharem. Se a "Entidade" esta mais preocupada com a forma estética com que vai se apresentar do que com o conteúdo/força do seu trabalho, estamos falando, possivelmente, de um espírito ainda inferior que, por alguma brecha da vigilância dos Dirigentes do Terreiro e do próprio médium, está conseguindo se passar por uma Entidade de luz. Isto também estraga muitos médiuns, que às vezes são mais vaidosos que a própria Entidade comunicante e se sentem ofendidos quando são proibidos de usar e pedir objetos que vão lhes ajudar a dar vazão às suas extravagâncias.

Outro grande cuidado que o médium de incorporação deve ter é o de não se confundir com a Entidade ou com o Orixá que está se manifestando em sua cabeça. Estes emprestam a sua força, a sua energia, o seu magnetismo, a sua beleza, a sua sensualidade, o seu pé de dança e o seu conhecimento enquanto estamos incorporados, mas, quando vão embora, levam tudo isto com eles, voltando o médium ao seu estado natural. Logo, não podemos achar que os elogios e agradecimentos são nossos: são das Entidades com que trabalhamos. Estes elogios chegam até o médium porque, comumente, o consulente e a assistência confundem médium com Entidade, cabendo ao médium organizar a sua mente para separar as personalidades e não se permitir envaidecer e nem surtar com isso.

Existem muitas pessoas sérias em muitos Terreiros, mas, infelizmente, também há muitos nada éticos, que contribuem para deformar a imagem da nossa verdadeira Umbanda. As mulheres frustradas e carentes, os homens conquistadores descompromissados e os homossexuais mal resolvidos com a sua identidade são comumente utilizadores dos recursos da incorporação para extravasarem seus conflitos internos e sociais. As mulheres frustradas e carentes acham que são a própria Pombagira poderosa, sedutora e desejada. Os homens assanhados aproveitam-se do charme e do poder dos Exus, Caboclos, Malandros e Ciganos para galantear as desavisadas mulheres que procuram os Terreiros em busca de conselhos. E os homossexuais mal resolvidos com sua identidade social fazem dos Terreiros seu verdadeiro palco de atuação. Os homens juram que são mulheres e as mulheres juram que são homens. Querem fazer das Entidades uma extensão da sua personalidade, exigindo que todos lhes tratem desta forma. Isso ocorre por ser um dos poucos espaços na sociedade que lhes conferem poder e respeito, o que é frequentemente confundido por este grupo de pessoas como um direito de impor à sua "plateia" seus pensamentos e suas loucuras.

Desejamos ressaltar que não se trata de preconceito, muito pelo contrário: é um esforço de manter os espaços sagrados do Terreiros com respeitáveis regras de convivência. Os bastidores da religião evidenciam casos, que muitos conhecem, de pessoas que abusaram do poder que a função religiosa lhes confere para intervir nas relações sociais existentes. Cientes de que não podem se posicionar como autoridade fora dos espaços do Templo, usam este poder em proveito próprio. É preciso coragem para enfrentar este assunto, porque existem pessoas sérias, equilibradas e éticas que honram o nome da Umbanda, e que não podem de forma alguma ser confundidas com esses desequilibradas que entram para os Terreiros simplesmente para deixarem de ser um simples anônimo na sociedade e tornarem-se reconhecidos como autoridades, utilizando-se, principalmente, do recurso da incorporação.

Tal recurso não nos foi dado com esta finalidade. É um dom divino que, quando bem-desenvolvido, potencializa nossa força espiritual e psicológica naturalmente. Basta apenas que sejamos éticos e respeitemos o tempo para que isso aconteça. Uma semente de manga só se tornará uma mangueira frondosa, firme e grande o bastante para ser vista por todos com o decorrer do tempo. Se ela não esperar e respeitar este tempo, corre o risco de ser apenas mais um caroço de manga que um dia foi belo e saudável, mas, de tanto gastar sua energia exibindo sua beleza e querendo ser mais que a mangueira, tornou-se rapidamente alimento e logo não passou de um caroço sugado e descartado por aqueles que nem prestaram atenção em seu conteúdo. As mangas mais discretas, que se exibem menos, não têm necessidade de chamar tanta atenção. Talvez por isso consigam ser semeadas e tornam-se, no futuro, uma frondosa mangueira.

Laroê, Exu Mangueira, por mais este ensinamento. Que ele sirva para todos que o lerem, como serviu para mim um dia. Obrigada!

Obsessão e oração

Os espíritos obsessores

Espíritos obsessores (espíritos mortos presos à crosta terrestre), eguns[1], encostos e similares de que tanto falam por aí são espíritos desencarnados que não ascenderam aos seus mundos de luz e que, portanto, encontram-se dentro do plano terreno. A maioria permanece na Terra porque não compreende a sua condição de morto e, quando isto acontece, fica para alimentar seus vícios terrenos, como o cigarro, o álcool, o uso de drogas e o hábito de fazer fofoca, maledicência, intriga, ou mesmo porque são alimentados pelo sentimento de vingança que sentem por alguém que está vivo.

Para manterem estes costumes, precisam de "cobaias" humanas que possam lhes servir de instrumento para dar vazão às suas necessidades. Utilizando-se do fenômeno da mediunidade, aproximam-se de pessoas, que muitas vezes não se percebem como portadores de sensibilidade mediúnica e que normalmente já têm desafetos de outras vidas.

---

[1] Egun – termo Iorubá que significa espírito de pessoa falecida.

Vão observando-lhes as fraquezas emocionais e passam a criar situações para perturbá-las, mexendo em seus pontos fracos e deixando-as em situação de desequilíbrio, estresse, irritação, é o momento em que eles conseguem penetrar plenamente a mente do indivíduo, causando-lhe muita vontade de fazer algo que não seja devido e gere consequências negativas.

Estes são exemplos de obsessões simples, mas existem casos de obsessões complexas que não trataremos aqui. Ambos os quadros causam no indivíduo, que sofre alguma perseguição obsessiva, uma série de mal-estares como dor de cabeça, irritação, insônia, boemia, doenças, brigas, desemprego etc. São exatamente estes sintomas que farão a pessoa procurar o Terreiro.

Uma tática bastante comum a esses espíritos obsessores é a escolha de assediados bem jovens, preferencialmente na pré-adolescência. Aproveitam-se da ausência de defesa emocional e espiritual, ainda pouco desenvolvidas nesta faixa etária, aliada à pouca visão religiosa, o que lhes facilita as sugestões mentais. Então seguem em processo gradual, porém intenso, de influenciar esta pessoa para fazer o que o obsessor quiser. Usam-na como um jogo de video game. É na adolescência que o indivíduo explode sua natureza instintiva, com suas emoções, libido, liberdade e poucas respostas da vida. O sucesso obsessivo se dará se ele conseguir levar este jovem ao fracasso. Mas não é só nessa faixa etária que eles atuam: também perseguem os adultos, podem destruir famílias e perseguem impiedosamente algumas crianças.

Muitas pessoas se perguntam por que tanta maldade. É importante lembrar que todos têm o livre-arbítrio, que nos dá o direito de fazermos nossas escolhas, e alguns espíritos encarnados e desencarnados optam por serem do mal. Não se pode ter a visão sonhadora de que uma pessoa ruim, quando morre, torna-se um espírito bom só porque morreu. Do momento da morte até a transformação leva um bom período. Logo, pessoas que não trabalharam valores morais positivos na sua personalidade e o desapego aos bens materiais são fortes candidatos a tornarem-se espíritos obsessores. Quem realmente está acompanhado de algum espírito negativo deve encontrar um Terreiro de Umbanda sério, preferencialmente perto da sua casa, para não interromper o tratamento, a fim de melhorar o seu sistema nervoso, a sua saúde, o sono, a concentração e a qualidade de vida que costumam ser alterados quando o individuo está sendo assediado.

Em todos os casos, devemos lembrar que, apesar do grande assédio obsessivo sofrido pela humanidade, temos também muitos espíritos protetores e Entidades de luz que são os anjos guardiões. As Entidades celestiais, que atuam de diferentes formas e dentro das diferentes religiões, precisam apenas ser mobilizadas para agir em seu socorro.

A importância da oração

Um excelente mecanismo antiobsessivo é acionado pelo poder da oração. As pessoas não rezam; passam as 24 horas do dia preocupadas com seus afazeres e esquecem-se de incluir o hábito das orações em sua rotina diária. A oração é um bálsamo dinamizador de energias ruins. Quando feita com frequência e intensidade, gera no indivíduo um campo de força que age como uma verdadeira barreira magnética, evitando que energias negativas se instalem em seu campo astral com tanta facilidade.

Os espíritos do mal não são tão poderosos quanto parecem. Se assim o fossem, eles destruiriam todos quando quisessem. Se não o fazem, é porque respeitam as leis naturais que regem o universo. Uma pessoa somente sofre processo de perseguição obsessiva quando permanece na mesma faixa vibratória que os espíritos negativos que a perseguem. À medida que ela se transforma em uma pessoa de absolutos valores morais positivos, repele naturalmente espíritos desta ordem, passando a entrar em sintonia magnética natural com espíritos e Entidades de luz que vibram nas faixas vibratórias positivas. A oração é o primeiro caminho para alcançar este estágio evolutivo. Sozinho é muito difícil vencer as tribulações terrenas e encontrar forças para superá-las.

Conhecer-se a si mesmo é outro grande desafio a ser exercitado pela humanidade. Quando o indivíduo entra em oração, é acesa uma luz interior em sua mente que possibilita enxergar os problemas com outros olhos e renovar suas energias. Mesmo quando a solução não é imediata, ao final da oração a pessoa encontra-se mais animada e fortalecida para enfrentá-los. Não se sente mais sozinha, e o seu coração passa a ser preenchido pela presença de Deus. Ela renova sua fé e sua esperança, e estreita sua relação com a espiritualidade superior.

Como seria possível aos espíritos e Entidades de luz auxiliar um ser na Terra se estes não os invocam e não oferecem momento de comunhão com as forças excelsas que regem o universo? Muitas pessoas só rezam nos momentos de desespero e, como Sr. Ventanias fala, o desespero e a ansiedade não são bons conselheiros. A oração sobrecarregada de sentimentos que demonstram falta de fé não gera força o suficiente para romper a barreira da Terra e chegar a Deus. É preciso higienizar a mente para somente depois entrar em oração. Assim, o canal de comunicação está neutro o suficiente para receber as mensagens de volta que as Entidades que trabalham com e para Deus nos oferecem durante a oração e no sono.

Reze mais. A oração deve fazer parte da sua rotina diária. Assim como há a necessidade de alimentar o corpo para sobreviver, a oração é uma necessidade de alimentar o espírito para se manter saudável. É ela que acalma e dá ânimo para compreender e resignar-se diante daquilo que ainda não entendemos direito, mas que temos que vivenciar.

Muitas pessoas chegam aos Templos de Umbanda esperando receber uma lista com oferendas para fazer um trabalho,[2] na expectativa de que tal prática resolva seus problemas. Quando convidados pelas Entidades de luz, presentes nos Terreiros, a entrar em oração, irritam-se e saem do Templo dizendo que aquela Casa é fraca e que não tem força para resolver seus problemas. As pessoas são capazes de gastar horas preocupadas com um problema, mas são incapazes de se ocupar com a comunicação divina que é feita durante os momentos sinceros de oração, desconhecendo o poder que essa prática tem.

As Mães e os Pais de santo de Umbanda podem ser chamados com muita honra de rezadeiras e rezadores, pois é rezando que realizamos todos os trabalhos de Umbanda que salvam e transformam a vida de tantas e tantas pessoas dentro dos Terreiros. Este segredo nos foi passado pelos nossos Pretos Velhos e Pajés mandingueiros, e disto não abrimos mão. A reza forte é o primeiro ingrediente de sucesso da magia branca.

---

[2] Trabalho – ritual em que se empregam elementos relacionados às Entidades com determinada função, como limpeza, descarrego, cura etc.

Felicidade

A busca da felicidade é o ideal que se persegue em toda trajetória terrena. Muitas pessoas buscam a felicidade sem se perguntarem: o que é felicidade? Será que o que torna uma pessoa feliz torna você feliz também?

Os ideais de felicidade são construções individuais. No estágio em que a humanidade se encontra, a felicidade ainda é uma sensação singular. Poucos são os indivíduos que já estão preparados para experimentar a felicidade coletiva, aquela que é partilhada por todos. Na desenfreada busca pelas realizações individuais, muitos se perdem de si mesmos e estabelecem um conceito de felicidade em que qualquer conquista que se aproxima daquela não é suficiente para sentir-se feliz. Exigem muito da vida e doam-se pouco para a mesma.

Aliás, doação é uma palavra que não faz parte do vocabulário de muitos. Porém, o primeiro segredo para atingir a felicidade é a generosidade. O segundo é compreender que a felicidade de um não pode provocar mal ao outro. Portanto, egoísmo e felicidade são estradas paralelas de sentidos opostos...

Exatamente por esta razão, muitos percorrem uma vida inteira sem sentir a plenitude da felicidade. Constroem a vida baseados em ilusões efêmeras. Espelham-se nas conquistas dos outros para estabelecerem seu conceito de realizações. Outros não se percebem projetando para si próprios fantasias oriundas dos "finais felizes" das histórias românticas. Muitos estabelecem para si as metas dos personagens da ficção. Outros desejam ter conquistas para mostrar e impressionar os outros, muito mais do que para agradar a si próprios. Passam a vida pensando no que os outros vão achar das suas conquistas. Na verdade, desejam despertar neles a mesma inveja que sentem das outras pessoas e, como muitas vezes não conseguirão se nivelar a estas, procuram outras para exibir suas conquistas. Muitos fazem isto fingindo serem os mais humildes do mundo, mas artificialidades não os aproximam de Deus. Consequentemente, não experimentam a paz de espírito e a tranquilidade que só é sentida por aqueles que realmente alcançam a plenitude da felicidade.

A felicidade, o dinheiro e a prosperidade

Muitas são as pessoas que associam dinheiro à felicidade, esquecendo-se de que nem todos que têm dinheiro sabem ser felizes e prósperos.

Não se está dizendo aqui que posses financeiras e conquistas materiais são sinônimos de infelicidade, muito pelo contrário. Estabelecer metas e esforçar-se para realizá-las, através do trabalho honrado, faz parte dos estágios necessários para alcançar a felicidade. O que está sendo dito é que é preciso perceber se você deseja os bens para si ou por interesses mesquinhos de querer parecer ser uma pessoa melhor que a outra na sociedade, pelo que tem e não pelo que você é de verdade.

Somos espíritos e não podemos nos furtar à compreensão do sistema econômico que vigora no mundo em que vivemos. Não somos indiferentes aos sistemas político e econômico de sobrevivência que ele tem, portanto, não podemos fingir que não percebemos as regras sociais que o regulam. Precisamos saber se concordamos com elas ou se criamos formas alternativas de sobrevivência orientadas por outros valores, ou se nos adequamos a elas sem nunca ter feito uma reflexão sobre se estas regras são justas e realmente trazem a felicidade.

É muito comum as pessoas dizerem que o mundo é assim e que não vai mudar, que a regra do jogo se chama dinheiro, poder e status. Mas será que somente as únicas pessoas que os têm é que são felizes? Será que as pessoas que você escolheu para estar perto de si têm a sua admiração pela forma como enxergam a vida? Você deseja ser como elas, se espelha e copia seu jeito de ser? Mesmo sem confessar para ninguém, se pega buscando objetos e comportamentos que chamem a atenção dessas pessoas? Cuidado! Você pode estar à beira do abismo. A matemática da competição e da inveja é sempre a ilusão. Permanecer assim é aumentar o risco de acordar a uma altura da vida percebendo que viveu a vida de outra pessoa e não a sua própria. O maior obstáculo rumo à felicidade é a ilusão!

O caminho para a felicidade plena é longo, porém a sabedoria da vida ensina que é perfeitamente possível experimentar estágios de diferentes formas de felicidade. Valorizar cada dia da vida por estar vivo, por ter moradia, alimento, sustento é o primeiro estágio. Só atingirá a plenitude quem enxergar nas pequenas e indispensáveis conquistas uma vitória diária. A gratidão e o reconhecimento das dádivas silenciosas que a vida nós dá é primeira condição para nos tornarmos merecedores de conquistas maiores.

A felicidade, o trabalho e a realização

Para atingir o segundo estágio e assim sucessivamente é indispensável conhecer-se a si mesmo. É muito importante saber o que você quer da vida, o que é necessário para a sua realização, o que lhe falta, o que lhe sobra. Faça esta equação: ela é muito importante. Depois procure saber quem você é de verdade, quais os seus dons e potencialidades, quais as suas maiores fraquezas, o que mais lhe faz sofrer. A identificação destes pontos também é de suma importância. Vá escrevendo tudo isto em um papel, é um passo a passo para se conhecer melhor.

Quais foram as emoções e sentimentos que o levaram ao pior momento da sua vida e quais levaram ao melhor momento? Quais destes dois sentimentos estão mais presentes em sua vida hoje? O que provoca estas emoções em você? No caso das emoções negativas serem mais frequentes que as positivas, já buscou ajuda para enfrentá-las? Continue escrevendo no papel: é importantíssimo dar nome a estas emoções e sentimentos.

No processo de identificação dos seus dons, desde quando você os identificou e se esforçou para trabalhar na área que você tem habilidades naturais? Ou seja, buscou ser um profissional da área que lhe é mais cara? Caso a resposta seja negativa, se pergunte se conseguiu desenvolver afeto pela atividade profissional que é responsável pelo seu sustento hoje.

Normalmente, as habilidades profissionais que temos são fruto do nosso acúmulo de experiências já exercidas em outras vidas. Não é necessário fazer uma regressão de vidas passadas para identificar estes dons. Basta olhar para dentro de si mesmo, concentrar-se em si próprio e buscar identificar o que você realmente gosta de fazer, o que sempre projetou ser desde a infância, e quais eram seus sonhos profissionais na adolescência. Muitas pessoas que chegam aos Templos de Umbanda reclamando de insatisfação no trabalho não estão exercendo os dons naturais que a sua bagagem evolutiva lhe deu, mas elas não percebem isso.

Por exemplo, imagine uma pessoa que veio ao mundo com o dom de ser um profissional da área científica e estava programado que ela iria descobrir, aos 47 anos, a cura para uma doença que faz muitas pessoas sofrerem. Porém, este indivíduo teve uma vida muito difícil na infância. Quando jovem, em vez de ter acumulado forças para superar os desafios iniciais que a vida lhe deu, revoltou-se e enveredou por um caminho de farras, bebedeiras e libertinagens. Não permaneceu saudável o suficiente para ter concentração e disciplina nos estudos, fato que terminou não permitindo que esta criatura se formasse com o rigor que a profissão exige. Não conseguindo se livrar do vício do álcool e da farra, a pessoa não consegue dar continuidade aos estudos e se aprofundar em pesquisas que requeiram mais tempo de dedicação. A pessoa não abre mão dos seus prazeres instintivos. Ela permanece sendo aquela que tem uma inteligência diferente dos seus pares, fato que a coloca em posição de destaque e domínio sobre o grupo social com que ela se relaciona, o que a deixa vaidosamente feliz.

Esta pessoa será, com o passar dos anos, um quadro típico de pessoa infeliz. Sua vida poderá estar repleta de realizações materiais, mas dentro dela permanecerá um vazio, uma necessidade de fazer algo que ela não sabe o que é. Esta pergunta sem resposta a inquieta, gera ansiedade. Ela deixa de ver felicidade em tudo que construiu e entra em processo depressivo. Sem o olhar espiritual da vida, essa pessoa demorará mais para encontrar esta explicação dentro de si mesma. Este vazio significa a sensação de dever não cumprido, de fracasso espiritual, mesmo tendo alcançado sucesso material. As milhares de pessoas que seriam beneficiadas pelo fruto do trabalho deste profissional dedicado continuam sofrendo e terão que esperar mais tempo até que papai do céu prepare outro indivíduo que acumule conhecimento e mérito para vir à Terra e ser agraciado com a intuição para aquela descoberta. É o preço da fraqueza dos instintos. Na vida, muitos de nós nos esquecemos do que fomos ao chegar no mundo e nos tornamos fracos para o cumprimento abnegado do dever. Reclamamos frente às primeiras dificuldades, em vez de percebê-las como provações e assim encontrarmos forças para superar os desafios e cumprirmos nosso compromisso no mundo.

Todas estas perguntas são orientadoras do processo de encontro da felicidade. Felicidade não é um passe de mágica. Ela faz parte das nossas conquistas, todos nascem para ser felizes. Toda semente nasce para germinar, brotar, crescer, se fortalecer e amadurecer. Tudo na vida é assim. A atenção dada a esta questão vem do fato de que a maioria dos processos de perturbação espiritual se dá porque as pessoas se desencontram do seu caminho.

Todos vêm à Terra com um dever a cumprir. As fraquezas dos nossos instintos são munições nas mãos dos inimigos do bem. Não são raras as vezes em que o mal triunfa simplesmente desviando as pessoas do cumprimento do seu dever. A ausência da felicidade cria um grande vazio de consequências desastrosas. Existem pessoas que inclusive se deixaram vencer e desistiram de buscar a felicidade. Contentam-se com a mesmice e passam o tempo a vegetar sem celebrar a vida.

A felicidade é um sentimento que nos aproxima de Deus. Cabe a cada um encontrar os caminhos que os tornam felizes e assim perpetuar a presença de Deus em suas vidas. A única lição que devemos tirar das histórias de ficção é que o mal jamais vence o bem. Ninguém nunca teve coragem de criar uma história que, por mais dramática que seja, não termine com a célebre vitória do bem sobre o mal. E o mal sabe disso, ele sabe que nunca vencerá o bem. A distração dele é testar a resistência do bem. O Brutus nunca vencerá o Popeye, Esqueleto nunca venceu He-man, Coringa nunca venceu o Batman, a Criptonita nunca destruiu o Super-homem e assim sucessivamente. Toda novela, peça teatral ou filme termina como a esperada vitória do bem. Talvez a mensagen dos programas para crianças e de toda a dramaturgia seja realmente que o espírito infantil nunca adormeça em nós, mantendo viva a esperança, a alegria, a certeza da vitória do bem e da conquista da felicidade.

É preciso ocupar-se com a felicidade. Precisamos percebê-la em cada momento da vida. É muito triste a pessoa que está sempre reclamando, resmungando e insistindo em se desencontrar da alegria de viver. É preciso ser forte sempre. A covardia não muda o destino de ninguém, como diz a prece de nosso Pai Ogum. Felicidade não é um pacote comprado na farmácia: ela é uma receita diária de doses de otimismo, alegria, perseverança e fé.

A felicidade, o amor e a família

Existe também outro grupo muito comum de pessoas que procuram os Templos de Umbanda, reclamando por estarem infelizes porque estão sós. Chegam pedindo às Entidades um amor, uma esposa, um marido, perguntando por que estão sozinhos no mundo. Muitos não se conformam por terem sidos deixados por alguém.

A reflexão mais difícil de ser feita por pessoas assim é: por que elas têm dificuldade de viver bem consigo mesmas? Como conseguem estar sozinhas em um mundo com sete bilhões de pessoas? Por que será que a única receita de felicidade é o casamento, o namoro ou a companhia exclusiva de alguém?

Ser feliz para achar a felicidade

Não se está dizendo aqui que viver só é saudável. Estamos apenas querendo alertar que existem outros mecanismos de felicidade além do amor conjugal. A mesma capacidade de amar infinitamente outra pessoa pode ser direcionada para outras ocupações, como o estudo, as leituras, as crianças, a caridade, o trabalho, a vida religiosa, o esporte, a cultura, a amizade etc. Ficar sem namoro em algumas fases da vida, às vezes, é fundamental para organizar a cabeça, cuidar de si próprio, restabelecer metas antigas, conquistar novos sonhos, fazer novas amizades, passear, estudar e ser livre.

Ocupar-se é uma receita para se manter feliz. Ficar dramatizando a própria dor, esperando que o mundo sinta pena de você, não vai trazer nem o velho nem um novo amor. Se quer realmente encontrar alguém, é preciso estar bem, em primeiro lugar, com você mesmo. Ninguém sentirá atração por alguém que está cabisbaixo, amargurado, infeliz, melancólico e desesperado para pôr aliança no dedo de alguém.

Deseje ter alguém para lhe complementar, e não para dar satisfação à sociedade ou ao seu próprio orgulho. Não tenha vergonha de estar solteiro. Só vale a pena estar com alguém se essa pessoa realmente o fizer feliz e você a ela. Existem pessoas que estão casadas e mesmo assim sentem solidão. Por que será?

Alianças não são algemas. É importantíssimo que a liberdade exista dentro de uma união. As Entidades de Umbanda não fazem feitiços para trazer a pessoa amada. Isto é charlatanismo. O que você vai sempre encontrar em um Templo de Umbanda sério é sabedoria para aprender a amar a si mesmo e ser forte para atravessar os diferentes momentos da vida, acompanhado ou sozinho.

Ame em primeiro lugar a você mesmo. Aumente sua autoestima, se cuide, tenha felicidade em seu olhar. Ninguém resiste à sedução de um olhar feliz. Pessoas carentes repelem os outros ou atraem pessoas oportunistas. Se você deseja alguém para ser feliz, já esteja feliz quando esta pessoa chegar, e então ela complementará sua felicidade. Isso é muito diferente de colocar toda a responsabilidade da felicidade de sua vida nas mãos de uma única pessoa. Com certeza papai do céu não faria isto com ninguém. Existem milhares de formas de ser feliz. Basta apenas que você esteja atento às diferentes formas de amar e ser amado. O Amor é universal, e universais também são as formas de amar.

A força da família

Já para a família, é indispensável lembrar que ela é o alicerce central da sociedade. Ela é a estrutura de apoio emocional para todos os seus integrantes e o elo principal de manifestação de Deus. Os tempos modernos trouxeram muitos avanços, mas, no campo familiar, tanta desestruturação traz para a sociedade uma fatura muito cara, que a humanidade não está sabendo como pagar. Cada vez que um lar se destrói, os inimigos de Deus comemoram. Logo os integrantes desse núcleo familiar serão fortes candidatos aos assédios obsessivos. Quando uma família se desintegra, desintegra-se também o emocional de todos os que fazem parte dela.

Hoje em dia, tornou-se normal decidir pelo fim do casamento no primeiro desafio que a relação apresenta. As pessoas não tentam mais conquistar e reconquistar. Querem ter o amor, mas não querem alimentar a sua chama. Alguns casais desistem antes mesmo de tentar. Reflita: quantos casais com menos de cinquenta anos que você conhece estão juntos há mais de dez anos? Como essas crianças estão formando sua visão de mundo, se não conseguem ver na vida real o "felizes para sempre"?

Será realmente que não somos mais capazes de nos amarmos por toda a vida? Ninguém mais é obrigado a ficar com quem não o faz feliz; mas já se perguntou se você também está fazendo seu companheiro(a) feliz? Lembre que só recebemos aquilo que doamos. Não há receita para manter o casamento feliz. Mas o troca-troca de parceiro realiza de fato as pessoas? Se realiza, a que preço emocional isto se dá?

Ao Umbandista verdadeiro cabe a reflexão sobre os princípios éticos que são passados nos Templos de Umbanda em relação à composição familiar. Sabemos que, na maioria das vezes, nosso clã familiar é composto por espíritos com que já convivemos em existências anteriores. Portanto, fazem parte do nosso resgate e, justamente por isso, não se pode abrir mão desses laços afetivos tão facilmente.

É claro que muitos lares se desintegram porque foram precipitadamente construídos; logo, não foram alicerçados pelo amor, e sim pela paixão. E paixões são efêmeras, não dão ao indivíduo forças para superar os desafios da convivência a dois. Um casamento deve ser planejado. Este é o segredo para ele se tornar durável. Quanto mais o casal conhece um ao outro, mais diminuem as chances de surpresas comportamentais durante a união.

Há uma correlação direta entre o aumento de transtornos sociais e o número de famílias desestruturadas. O mal ataca primeiro a família para depois encontrar o indivíduo mais vulnerável às suas influências, que potencializam a revolta e a indignação pelo fim da união, levando certas criaturas a transtornos emocionais e espirituais irrecuperáveis a médio prazo.

Precisamos cuidar mais da nossa família. Ela é, depois do nosso corpo, o segundo maior patrimônio que Deus nos deu. A receita para a felicidade familiar é a presença constante de Deus no seio da família. Rezar, sentar à mesa, alimentar-se e passear juntos são hábitos que devem ser readquiridos por muitos. A realização do Evangelho no lar, que é uma prática kardecista, muito utilizada por nós, Umbandistas, é um excelente mecanismo de aproximação com o divino. Ela se constitui de momentos coletivos de orações, leitura do Evangelho segundo o espiritismo, uma fala sobre essa leitura e o encerramento com outra oração, agradecendo pela união familiar e pelos meios de sustento e moradia, pedindo proteção para que o grupo tenha sempre a orientação das Entidades celestiais que atuam em nome de Deus, os espíritos especializados na proteção familiar.

Ame sua família. Procure crescer emocional e espiritualmente para aprender a lidar com todo o seu grupo familiar.

Sabemos como isso é difícil às vezes, mas a vida é desafio e superação. Invoque sempre a presença de Deus e das Entidades de luz na sua casa. Leia romances espíritas e umbandistas: eles contribuem muito para uma melhor compreensão das relações afetivas familiares.

Evite as brigas e discussões: uma casa que alimenta esses sentimentos não abriga a presença de Deus! Tudo que você fizer na sua casa irá atrair energias semelhantes. Então, observe como está o padrão vibratório da sua família e sua residência. Isto definirá a atração de paz e felicidade que você terá dentro dela. O seu pensamento determina a sua qualidade de vida!

Considerações finais

Obrigada a todas e todos que se detiveram pacientemente nesta leitura. Para aqueles que nada conheciam da Umbanda, espero ter colaborado com a desmistificação sobre esta tradição religiosa brasileira. Para os pesquisadores acadêmicos, espero ter podido mostrar o gigantismo dos nossos saberes e quanto eles são diretamente ligados à formação cultural e histórica pós 1500. Para os iniciantes, desejo de fato ter suprido os inúmeros questionamentos peculiares àqueles que adentram a Umbanda e que desejam neste início saber tudo da religião.

Tudo o que foi possível eu falei aqui. O que foi omitido faz parte do conhecimento que somente a vivência nos Terreiros traz. O resto é segredo de Mães e Pais de santo, Dirigentes e Zeladores que têm a maior responsabilidade dentro de uma Casa e, portanto, são orientados pelos seus mentores de maneira mais próxima e intensa para que cumpram o compromisso que lhes cabe como tarefeiros Umbandistas.

Desejo também que este livro possa contribuir esclarecendo que a Umbanda tem opinião sobre os diferentes assuntos tratados na sociedade e posição diante dos mais polêmicos, como álcool, drogas e aborto. Não nos convidar para os debates é uma forma covarde de discriminação. Mas a invisibilidade não nos levará à morte. A Umbanda está cada vez mais viva nos diferentes espaços deste país. É nos Terreiros que grande parte dos brasileiros resolve seus problemas e encontra paz para compreender uma sociedade ainda tão desigual.

Os médiuns de Umbanda devem procurar conhecer mais a religião e não ficar trocando de Terreiro. Caboclo Ventania ensina que uma semente só se torna árvore se permanecer plantada por bastante tempo no mesmo lugar. Quanto mais tempo o médium leva pulando de Terreiro em Terreiro, em busca da perfeição, mais ele demora para criar raízes e se tornar tronco firme para servir fortemente à Umbanda. Toda árvore um dia foi semente, e toda semente teve que se adaptar ao solo para se fortalecer e crescer.

A semente não pode brilhar mais que árvore, e o médium não pode querer ser mais que o Sacerdote. Isto só enfraquece a religião. Os médiuns devem permanecer nos seus Terreiros e lá se fortalecerem. Quanto mais sólidos forem os Terreiros, mais forte se torna a religião. Quanto mais forem os Terreiros partidos, mais nos enfraquecemos diante da sociedade e do poder público.

O cenário público e político é muito preocupante, uma vez que não temos quase nenhum apoio governamental para os trabalhos sociais que desenvolvemos aguerridamente em nossos Templos. Incrivelmente, no Brasil, as religiões importadas de origem europeia têm mais suporte legal para sobrevivência do que as tradições brasileiras e afro-brasileiras. Isto um dia há de mudar. Nosso desejo não é tirar nada de ninguém, mas aumentar e muito o número de Terreiros que sejam beneficiados pelos programas de governo.

Não temos espaço na televisão, que é uma concessão pública, e infelizmente ainda não elegemos nossos representantes para o Legislativo e Executivo. Nas aldeias indígenas e africanas, a política e a religião sempre foram uma coisa só, mas hoje, ser político e religioso tornou-se alvo de críticas e desfeitas. Temos que repensar nossa sobrevivência no futuro. Isso passa inevitavelmente pela nossa presença nos espaços de decisão, não para brigar, mas para defender nosso direito de existir. É assim que se faz o processo democrático. Aqueles que desejam participar das decisões organizam-se e elegem os seus representantes para defender seus direitos. Não há nada de ilegal nisso. Nossa ausência no Parlamento brasileiro alimenta o crescimento daqueles que nos atacam em rede aberta e fechada de canal de televisão, e fazem isto usando o dinheiro dos nossos impostos.

A Pesquisa de Mapeamento das Casas de Religiões de Matriz Africana do Rio de Janeiro, realizada pela PUC-Rio e financiada pela SEPPIR (Secretaria de Políticas de Promoção da Igualdade Racial) na gestão do ministro Edson Santos, que nos levou ao recebimento do Prêmio Nacional de Direitos Humanos em 2011, entregue pela Presidente Dilma Rousseff; a campanha para legalização gratuita dos Terreiros de Umbanda e Candomblé, com a Assembleia Legislativa do Rio de Janeiro e através do Deputado Gilberto Palmares e a Defensoria Pública; a Cartilha para legalização dos Terreiros, feita em parceria com o Departamento de Direito da PUC-Rio, em parceria com a SUPERDIR (Superintendência de Direitos Coletivos e Difusos da Secretaria de Ação Social e Direitos Humanos do Estado do Rio de Janeiro) foram alguns dos nossos esforços para mudar a situação de invisibilidade dos Terreiros. Todas estas ações visavam potencializar os Templos para que os mesmos se tornassem protagonistas de sua luta.

Ainda temos muito o que fazer. Conforme o livro de Cumino (2010), o modelo estabelecido por Getúlio Vargas, na década de 1930, para nos representar, com a criação das Federações, foi bastante eficiente para aquele momento de perseguição pública aos Terreiros. Hoje a realidade é que poucas destas inúmeras Federações se organizaram para dar o suporte necessário que os Templos demandam: a maioria cobra e não atua, e poucas desempenham um trabalho sério e dignificante. É preciso que tenhamos representações estaduais e nacionais fortes, para que possamos lutar pelo nosso direito de participar das decisões que nos competem. A briga de egos e estrelas só atrasa nossos avanços. É preciso identificar as lideranças consolidadas, que agreguem o apoio da maioria, que estejam preparadas emocional e espiritualmente, e qualificadas profissional e politicamente. Há muita gente ganhando espaço com nossa ausência e, se permanecermos assim, temo que as próximas gerações não conheçam mais as religiões brasileiras e afro-brasileiras.

A união através da ação é fundamental. Nesta perspectiva nasceu o MUDA – Movimento Umbanda do Amanhã –, do qual a Casa do Perdão faz parte. Este grupo/movimento vem gerando uma aproximação e um fortalecimento das Casas que o integram e já começa a expandir-se nacionalmente. É importante estarmos unidos em redes que nos possibilitem a comunhão de ideias e práticas. Parabenizo a todos os Templos do MUDA e em especial à TECAF – Tenda Espírita Caboclo Flecheiro –, na pessoa de Pai Marcos Xavier, e à Casa de Claudia, na pessoa da Marilena, por honrarem a Umbanda com suas ações. Meu profundo respeito e gratidão.

Referências

BÍBLIA. Português. *Bíblia Sagrada*. Versão dos Monges Beneditinos de Maredsous. Tradução do Centro Bíblico Católico de São Paulo. 5. ed. São Paulo: Ave Maria, 1964.

BRASIL. Constituição (1934). *Constituição da República dos Estados Unidos do Brasil de 1934*. Capital Federal: Diário Oficial da União, ano 73, n. 163, Suplemento, p 1-24, 16 jul. 1934. (após a seção 1, p. 14.400)

BRASIL. Constituição (1988). *Constituição da República Federativa do Brasil de 1988*. Brasília: Diário Oficial da União, ano 126, n. 191-A, seção 1, p. 1-32, 5 out. 1988. (Anexo ao DOU, ano 126, n. 191, seção 1, após a p. 19.608)

BRASIL. Decreto nº 1.983 de 14 de agosto de 1996. Regulamento de Documentos de Viagem. Brasília: Diário Oficial da União, ano 304, n. 158, seção 1, p. 15493-15496, 15 ago. 1996.

BRASIL. Decreto-lei nº 3.689 de 3 de outubro de 1941. Código de Processo Penal. Capital Federal: Diário Oficial da União, ano 80, n.238, seção 1, p. 19.699-19.731, 13 out. 1941.

BRASIL. Lei nº 3.807 de 26 de agosto de 1960. Lei Orgânica da Previdência Social. Capital Federal: Diário Oficial da União, ano 99, n. 204, seção 1, p. 12.157-12.164, 5 set. 1960.

CUMINO, Alexandre. *História da Umbanda: uma religião brasileira*. São Paulo: Madras, 2010.

PEREIRA, Nilza de Oliveira Martins. *A religião nos censos brasileiros: informações preliminares do Censo Demográfico 2000*. Disponível em <http://pt.scribd.com/doc/92980545/A-religiao-no-Brasil-dados-ibge>. Acesso em 13 ago. 2013.

Este livro foi impresso em fevereiro de 2023,
na Gráfica Exklusiva, em Curitiba
O papel de miolo é o offset 75g/m², o do caderno de imagens
é o couché 115g/m² e o de capa é o cartão 250g/m².

Defumação

*Limpeza através
da defumação*

*Gira de Exu
Oferenda às Pombagiras*

*Corrente semanal
de toda terça-feira*

Casa dos companheiros Exus, Pombagiras e Malandros

Gira de Exu – Oferenda aos Exus

Exu Beira Estrada

A tradicional fogueira da Gira de Exu

Ogã na Gira de Exu

Exus companheiros

O conhecimento passado através da oralidade nas noites de trabalho que antecedem as giras

Roda de Umbanda

Reunião de desenvolvimento

Ogãs

Iansã dançando com os Ogãs

Homenagem aos Pretos Velhos

Orixá Iansã

O Cruzeiro – Ponto de força aos Pretos Velhos

Abraço de Preto Velho

Vovó Joana D'Angola e Mãe Beata D'Yemonja

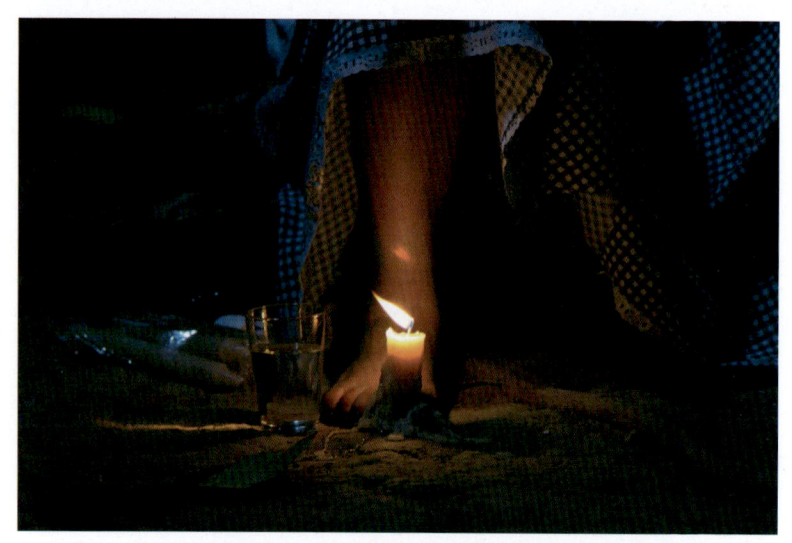

A simplicidade e a força do trabalho dos Pretos Velhos

Vovó Joana D'Angola

Roda de Caboclos e Indígenas

Orixá Oxóssi

Roda de Caboclos

Batizado realizado pelos Caboclos

Batizado realizado pelos Caboclos

Batizado realizado pelos Pretos Velhos

Altar de Umbanda

Trabalho de praia

Toques e cânticos de Umbanda no ritmo dos atabaques

Gira de Pretos Velhos na antiga sede da Casa do Perdão

Casa do Perdão

Casamento celebrado na Umbanda

Trabalho de energização na cachoeira

Casamento homoafetivo celebrado pelo Caboclo Ventania D'Aruanda